C.H.BECK **WISSEN**
in der Beck'schen Reihe

In der Zeit vom 16. bis 19. Oktober 1813 standen sich bei Leipzig über eine halbe Million Soldaten aus mehr als zwölf Ländern gegenüber und fochten die Entscheidung in den Befreiungskriegen aus, die das Schicksal Napoleons in Europa besiegeln und die als Völkerschlacht in die Geschichte eingehen sollte. Die Berichte und Erinnerungen an die Völkerschlacht künden voller Entsetzen und in dramatischen Schilderungen von den unvorstellbaren Zerstörungen und Verwüstungen, die die Kämpfe auf den Schlachtfeldern und in den Städten bzw. Dörfern hinterlassen haben. So kamen beispielsweise über 2000 Geschütze in der Schlacht zum Einsatz. Neben Vollkugeln wurden vor allem Hohlkugeln abgefeuert, die einen besonderen Zündmechanismus trugen; dadurch explodierten sie bei einer präzisen Einstellung erst im Augenblick ihres Auftreffens, ihre Splitter streuten in alle Richtungen und brachten Tod und Verderben über die Kolonnen des Gegners.

Hans-Ulrich Thamer, emeritierter Professor für Neuere und Neuste Geschichte an der Westfälischen Wilhelms-Universität, Münster, beschreibt in diesem Band gleichermaßen packend und informativ, wie es zu der Schlacht kam, wie sie verlief, wie sich der soldatische Alltag, aber auch die Lebensverhältnisse der Zivilisten in Leipzig im Umfeld des militärischen Geschehens gestalteten, was die Entscheidung in den Kämpfen brachte, wie sich die Flucht der napoleonischen Truppen vollzog und wie die Schlacht zum Mythos und das Gedenken von späteren Generationen instrumentalisiert wurde. Von demselben Autor ist im Verlag C.H.Beck lieferbar: *Die Französische Revolution* (³2009).

Hans-Ulrich Thamer

DIE VÖLKERSCHLACHT BEI LEIPZIG

Europas Kampf gegen Napoleon

Verlag C.H.Beck

Mit zwölf Abbildungen und einer Karte

2., durchgesehene Auflage. 2013
Originalausgabe
© Verlag C.H.Beck oHG, München 2013
Satz: Fotosatz Amann, Aichstetten
Druck und Bindung: Druckerei C.H.Beck, Nördlingen
Umschlagentwurf: Uwe Göbel, München
Umschlagabbildung: Napoleons Flucht aus Leipzig,
Aquarell von Richard Knötel. akg-images, Berlin
Printed in Germany
ISBN 978 3 406 64610 2

www.beck.de

Inhalt

1. Einleitung: Massenkrieg und nationale Erinnerung — 7

2. Napoleon, das Empire und das europäische Staatensystem — 13

3. Die Wende. Napoleons Feldzug in Russland und der Aufstand Europas — 28

4. Der Frühjahrsfeldzug von 1813 und der Aufmarsch der Armeen — 36

5. Die Entscheidung von Leipzig: 14.–19. Oktober — 53

6. Kulturen der Gewalt. Lebensbedingungen und Kriegserfahrungen in den Feldzügen des Jahres 1813 — 78

7. Vom Schlachtfeld zum Erinnerungsort
Krieg und Nation in der Erinnerung an die Völkerschlacht im 19. und 20. Jahrhundert — 87

8. Vom Ereignis zum Gegenstand historischer Deutung
Geschichte und Mythos der Völkerschlacht — 113

Anhang
Literaturverzeichnis — 119
Bildnachweis — 122
Personen- und Ortsregister — 123

I. Einleitung:
Massenkrieg und nationale Erinnerung

Am Morgen des 18. Oktober 1813, gegen 5 Uhr, schrieb August Neidhardt von Gneisenau an seine Frau: «Ich schreibe Dir am Morgen einer Schlacht, wie sie in der Weltgeschichte kaum gefochten ist. Wir haben den französischen Kaiser ganz umstellt. Diese Schlacht wird über das Schicksal Europas entscheiden.» Der preußische Militärreformer und Generalstabschef der 3. Schlesischen Armee hoffte auf einen siegreichen Kampf gegen Napoleon und damit auf ein baldiges Ende einer Epoche der Umwälzungen und Kriege. Am Tage danach konnte er mitteilen: «Die große Schlacht ist gewonnen, der Sieg ist entscheidend.» Für vier Tage stand die Stadt Leipzig mit ihren damals 33 000 Einwohnern im Zentrum einer Schlacht von bis dahin unbekanntem Ausmaß. Über 500 000 Soldaten standen sich gegenüber, und auch die Zahl der Opfer war unvorstellbar. Als sie vorüber war, beklagte man bei den Verbündeten rund 54 000, in den Reihen der französischen Armee etwa 37 000 Tote. Das Zeitalter der Massenheere kündigte sich an.

Napoleons Niederlage bei Leipzig bedeutete zwar noch nicht die endgültige Entscheidung im Kampf der Alliierten gegen das napoleonische Empire. Napoleons Machtentfaltung in Deutschland aber erfuhr durch die viertägige Schlacht eine folgenreiche Zäsur, die eine bündnis- und herrschaftspolitische Kettenreaktion in Deutschland auslösen sollte. Der Rheinbund, der napoleonische Machtblock auf deutschem Territorium, zerfiel in kürzester Zeit. Hatte schon das Scheitern des verlustreichen Russlandfeldzuges den Nimbus der großen Feldherrenkunst und der imperialen Herrschaft Napoleons stark beschädigt, so löste sich dieser nach der Völkerschlacht weitgehend auf: Napoleon galt nicht länger als unüberwindbar. Ihn zu besiegen war möglich dank einer breiten Koalition und mittels einer flexiblen

Kriegführung. Am 11. August 1813 hatte sich mit dem Beitritt Österreichs unter der Patronage Englands eine Allianz gebildet, die stark genug war, die militärische Pattsituation vom Frühsommer 1813 zugunsten der Russen, Preußen und Habsburger aufzulösen.

Mit dem Beitritt Österreichs änderten sich allerdings auch die Kriegsziele oder sie wurden deutlicher als bislang formuliert. Es ging fortan um die Wiederherstellung einer legitimen Ordnung und eines machtpolitischen Gleichgewichts in Europa, nicht mehr um Befreiung, Freiheit oder gar um nationale Einheit. Darauf konnten sich die drei Monarchien auf Drängen des österreichischen Außenministers Metternich einigen, weil Preußen und Russland letztlich auch antirevolutionäre Mächte waren und ihr Bekenntnis zur Befreiung und Freiheit eher den innenpolitischen Umständen als den langfristigen Interessen ihrer Monarchien geschuldet war. Der Krieg von 1813 hatte darum einen Doppelcharakter: Für die Patrioten, die in Preußen die öffentliche Stimmung prägten und schließlich auch die Haltung des preußischen Königs Friedrich Wilhelm beeinflussten, war es ein nationaler Befreiungskrieg, ein Kreuzzug gegen einen Tyrannen (auch wenn jener zeitweilig in manchen Reichsteilen als Hoffnungsträger bürgerlich-liberaler Ideale verehrt worden war) und ein Krieg für Freiheit und Nation. Für die europäischen Mächte war es ein Krieg der Monarchen und Kabinette, ein Kampf um dynastische Rechte, um Gleichgewicht und internationale Stabilität. Die Befreiungskriege wurden darum zu einem wichtigen Baustein in der britisch-französischen Auseinandersetzung um die Hegemonie in Europa, die mit den Revolutionskriegen von 1792 eine neue Qualität erreichten und mit dem Wiener Kongress von 1815 ein Ende fanden. Auch die Kriegsplanungen der Alliierten waren noch dem klassischen militärischen Denken verpflichtet. Die verbündeten Armeen versuchten im Herbst, nach dem wenig erfolgreichen Frühjahrsfeldzug von 1813, die Kampfkraft und den Zusammenhalt von Napoleons *Grande Armée* durch kleinere Gefechte und überraschende Vorstöße zu schwächen, sich aber vorerst keineswegs auf eine Entscheidungsschlacht einzulassen, wie sie Napoleon zu suchen pflegte.

Erst nachdem die Armeen der Verbündeten untereinander Verbindung aufnehmen und den Ring um Napoleon halbwegs schließen konnten, schwand für den Kaiser die Möglichkeit, die Feindgruppen einzeln zu schlagen. Vor Leipzig stellte er sich dann der Entscheidungsschlacht. Über eine halbe Million Soldaten standen sich gegenüber – in Erwartung der bislang größten Schlacht der europäischen Geschichte. Der preußische Oberst von Müffling bezeichnete sie schon am 19. Oktober 1813 in seinem Armeebericht als «Völkerschlacht», und er meinte damit – ganz im traditionellen militärisch-absolutistischen Sinne – die Beteiligung vieler «Heervölker» an einer Schlacht. Patriotisch gesinnte Zeitgenossen deuteten sie hingegen bald als Schlacht der Völker Europas, die um ihre nationale Emanzipation kämpften. Ein militärischer Sieg über Napoleon sollte die nationale Wiedergeburt ermöglichen und den europäischen Völkern nationale Einheit und Freiheit sichern. Darum nannten die einen, die Napoleons Hegemonie abschütteln und die alte Ordnung wiederherstellen wollten, die Kriege gegen Napoleon Befreiungskriege; die anderen, die Verfechter von Freiheit und Nation, nannten sie Freiheitskriege.

Napoleon, der sich seit seinem verlustreichen Rückzug aus Russland in der Defensive befand, erlebte in Leipzig sein «erstes, sächsisches Waterloo». Als er sich seine Niederlage eingestehen musste, verließ er am 19. Oktober überstürzt den Kampfplatz. Aus der deutschen Perspektive war das der entscheidende Wendepunkt der napoleonischen Kriege, das Fanal für den Niedergang der französischen Herrschaft in Deutschland und Europa. Das meinte auch Oberst von Müffling in seinem Armeebericht: «So hat die viertägige Völkerschlacht vor Leipzig das Schicksal der Welt entschieden.» Tatsächlich jedoch war die militärische Bedeutung der Leipziger Schlacht begrenzt. Napoleon hatte zwar eine schwere Niederlage hinnehmen müssen, doch war die Schlacht bei Leipzig, die der napoleonische Armeebericht seinerseits als einen bloßen Rückzug darstellte, nur ein Glied in einer längeren Kette von Niederlagen und Abwehrkämpfen, die in Moskau 1812 begannen und erst mit Waterloo und der Verbannung Napoleons endeten.

Darum fand und findet in der französischen historischen Wahrnehmung die Völkerschlacht bei Leipzig kaum Beachtung, und der Untergang Napoleons wird nicht mit Leipzig verbunden, sondern mit Waterloo am 18. Juni 1815. Die Erinnerung ist also von den jeweiligen nationalen Traditionen geprägt: Die deutsche Erinnerungskultur machte aus der Leipziger Völkerschlacht bald den wirkmächtigen Gründungsmythos einer deutschen Nationalbewegung und der nationalen Heilsgeschichte. Der Krieg wurde im kollektiven Bewusstsein gleichsam als Katalysator einer nationalen Bewegung verstanden und zur Geburtsstunde nationaler Befreiung verklärt. Das traf sich mit einem europäischen Einstellungswandel: Spätestens seit den Französischen Revolutionskriegen wurde der Krieg, die entfesselte Bellona – die altrömische Kriegsgöttin, der auch so viele europäische Potentaten der Neuzeit huldigten –, nicht mehr nur als blutige Furie, sondern als Voraussetzung für nationale Freiheit und Einheit gesehen. Nation und Krieg sind seither aufs Engste miteinander verbunden, auch weil Napoleons Herrschaft nicht ohne Militär und Krieg gedacht werden und folglich auch nicht ohne Krieg beendet werden konnte.

Für die Zeitgenossen, vor allem für die Einwohner von Leipzig, bestand die Völkerschlacht freilich erst einmal in «Scheußlichkeiten» und der riesigen Zahl der Toten und Verwundeten, in Zerstörung und Verwüstungen, die dieser viertägige Kampf mit sich brachte. Das hatte schon Gneisenau in seinem Brief vom 18. Oktober ausgesprochen: «Das Schlachtfeld ist mit Toten und Verstümmelten bedeckt wie selten! vielmehr Franzosen als der Unsrigen. Indessen ist unser Verlust ebenfalls groß. Das Yorksche Korps allein hat 6000 Mann verloren, ohne den Verlust der Russen zu rechnen ... Eine halbe Million Menschen stehen jetzt auf einem engen Raum zusammengedrängt, bereit, sich wechselweise zu vertilgen.» In der Wahrnehmung der Leipziger war zunächst dies die entscheidende Erfahrung, die ihr Leben auf Jahre hinaus prägen sollte. Der Leipziger Totengräber Johann Daniel Ahlemann erinnerte sich später noch an die «Angst- und Schreckensszenen», die die «guten Bewohner Leipzigs» im Jahre 1813 erleben mussten. Unversehens war ihre

Massenkrieg und nationale Erinnerung 11

Stadt Mittelpunkt einer gewaltigen Schlacht geworden. Auf ihrem Höhepunkt gab es kaum jemanden, der nicht die ungeheuren Leiden der Opfer dieses Krieges und die schweren Lasten, die damit Leipzig aufgebürdet wurden, erlebt und erlitten hatte. In zahlreichen Gedenksteinen und Kirchen in und um Leipzig manifestierte sich die lokale Erinnerung daran, bis der nationale Mythos sie allmählich überlagerte. Bereits Zeitgenossen, unter ihnen Johann Wolfgang von Goethe, sahen das, «was die Bewohner von Leipzig und Umgegend gelitten haben», in einem größeren Zusammenhang, «als das Wohl der Deutschen nach langem Druck sich endlich wieder aufrichtete». Aus dem Ereignis wurde schließlich Erinnerung.

In der Geschichte der viertägigen Völkerschlacht, aber auch in ihrer Vor- und Nachgeschichte durchdringen sich verschiedene historische Entwicklungen und Bewegungen und verleihen erst in der Summe den Ereignissen von Leipzig im Oktober 1813 jene exemplarische Bedeutung, die ihnen für die Geschichte der napoleonischen Zeit und für die nationale Erinnerungsgeschichte zugewachsen ist. Zu den Ereignisketten und strukturellen Entwicklungen, die sich in der Völkerschlacht verknoten, gehören die Fernwirkungen der Französischen Revolution und der Macht Napoleons, die mitunter seltsam widersprüchliche Phänomene und Ergebnisse im europäischen und national-deutschen Kontext zeitigten: Dies gilt nicht zuletzt für die Nationalisierung des Krieges und die Genese nationaler Bewegungen. War Napoleon – letztlich der Sohn der Revolution – der Hoffnungsträger nationaler Emanzipationswünsche und doch unfähig zur Gründung einer dauerhaften Ordnung des Rechts und der Freiheit? Wie ließen sich die Widersprüche zwischen der Wiederherstellung von Recht, Legitimität und internationaler Stabilität und dem nationalen Traum von Einheit und Freiheit auflösen? Wie und warum konnten sich in der Epoche der Französischen Revolution Krieg und nationale Bewegung so unauflöslich miteinander verbinden? Welches Potential an Fremdenhass und Aggressionsbereitschaft lag in diesem Nationalismus begründet? Was bedeutet die Erfahrung von Krieg und Werden der Nation für die deutsche

Erinnerungskultur, die für das gesamte 19. Jahrhundert und darüber hinaus so eng mit dem Ereignis der Völkerschlacht verbunden bleiben sollte? Davon wird in den folgenden Kapiteln zu erzählen sein.

2. Napoleon, das Empire und das europäische Staatensystem

Am 26. Juni 1813 trafen sich Napoleon und Metternich in Dresden zu einem fast neunstündigen Gespräch; es ging wieder einmal um Krieg und Frieden und um den österreichischen Versuch einer Friedensvermittlung, die für Napoleon den Verzicht auf seine Herrschaft über Polen, über Illyrien und die Hansestädte bedeutet hätte. Dass der Kaiser ablehnen würde, hatten Metternich und die Koalitionsmächte nicht anders erwartet. Auch die Begründung Napoleons für seine Intransigenz war nicht neu, offenbarte sie doch im Augenblick der außenpolitischen Bedrängnis die Grundlagen napoleonischer Herrschaft. «Nun gut, was will man denn von mir, dass ich mich entehre? Nimmermehr! Ich werde zu sterben wissen, aber ich trete keine Handbreit Boden ab. Eure Herrscher, geboren auf dem Throne, können sich zwanzig Mal schlagen lassen, und doch immer wieder in ihre Residenzen zurückkehren; das kann ich nicht, ich, der Sohn des Glücks. Meine Herrschaft überdauert den Tag nicht, an dem ich aufgehört habe, stark und folglich gefürchtet zu sein.» Auch wenn Metternich die Rede Napoleons in seinen Erinnerungen pathetisch ausgeschmückt haben mag, der *Empereur* gab einen selbstkritischen, aber auch realistischen Blick auf sein politisches Denken und seine *Raison d'être* frei. Er war der Sohn der Revolution, und selbst wenn er mit einigem Erfolg versucht hatte, das revolutionäre Erbe mit dem Prinzip der Ordnung und Legitimität zu verbinden, blieb seine Legitimation immer an seine Person, seine persönliche Macht und damit an seinen militärischen Erfolg als nichtlegitimer Monarch gebunden. Damit musste seine Herrschaft, das *Empire*, letztendlich unvereinbar mit dem europäischen Staatensystem bleiben.

Napoleons Aufstieg und Herrschaft gründeten sich auf seine glänzenden militärischen Siege und Eroberungen, die er dank seiner gekonnten Selbstdarstellung und Propaganda sehr bald mit dem Nimbus des Helden, Retters und Ordnungsstifters überwölbte. Er vollendete die Revolution und rettete sie. «Die Revolution ist zu Ende», verkündete Napoleon Bonaparte nach seinem Staatsstreich vom 18. Brumaire 1799. Mit seiner Doppelstrategie von plebiszitärer Akklamation und der Ausschaltung parlamentarischer Regierungs- und Mitspracheformen, von militärisch-polizeistaatlicher Gewalt und dem «Appel an das Volk» unterdrückte er die Parteikämpfe und hielt die inneren Gegner seiner bürgerlichen Ordnung, die Royalisten und Jakobiner, in Schach. Der Preis für das Ende von Aufständen und politischer Gewalt, der jakobinischen *Terreur*, waren Zensur, Verfolgung und Gewalt. Dafür versprach der bonapartistische Herrscher, dessen plebiszitäre Diktatur scheinbar nur die Alternative «Ich oder das Chaos» zuließ, ebenso die Sicherung des bürgerlichen Eigentums wie auch von Brot und Arbeit. Das verschaffte ihm, solange er nach innen und außen erfolgreich war, eine breite gesellschaftliche Zustimmung. Auf diese Zustimmung, gepaart mit Propaganda und Gewalt, stützte sich eine neuartige, aber sehr fragile Herrschaftsform, die Widersprüchliches miteinander zu verbinden schien: die Ergebnisse der Revolution in ihren Grundzügen bewahren und das Verlangen nach Ordnung und dem Ende der Revolution stillen. Die rastlose Praxis und gleichzeitige Selbstinszenierung als Reformer, Gesetzgeber und Administrator sollte die neue charismatische Herrschaft auf Dauer stellen. Napoleons persönliche Macht musste immer wieder unter Beweis gestellt und erneuert werden. Vor allem musste sie stets aufs Neue öffentlich dargestellt und sichtbar gemacht werden. Die Repräsentation seiner Macht verlangte darum gleichermaßen nach ständiger Inszenierung und Kontrolle wie auch nach der Integration unterschiedlicher Traditionen in sein Herrschaftskonzept. Mit dem Mangel an Legitimation hatte Napoleon auch gegenüber Metternich in Dresden 1813 seine Kriegführung gerechtfertigt, die auf beständige Erfolge und Machterweiterung ausgerichtet und angewiesen war.

Die nationale Aussöhnung und Legitimation des neuen Herrschers, der zwangsläufig auch eine neue Dynastie zu gründen trachten musste, blieb immer an das Charisma des siegreichen Feldherrn und imperialen Herrschers gebunden, der sich zum Krieg und Sieg, zur Eroberung und Ausbeutung der besetzten Gebiete getrieben fühlte. Dass diese Selbstrechtfertigung der Gewalt den eigenen Ansprüchen als eines Reformers schadete und in der Außenpolitik nur kontraproduktiv sein konnte, zeigten die Modernisierungspolitik in den napoleonischen Modellstaaten und seine Bündnispolitik. Die machtpolitische Dominanz überlagerte und konterkarierte die Reformpolitik im Innern der annektierten Territorien des französischen Empire. Diese waren formal zwar unabhängig; tatsächlich aber waren sie, ob als Satellitenstaat Königreich Westfalen oder als nach außen souveräne Rheinbund-Staaten, im Kern abhängige Staaten im napoleonischen Herrschafts- und Bündnissystem. Und das belastete auch die Hoffnungen auf eine nationale Flurbereinigung, wie manche – überdrüssig der vielhundertfachen deutschen Kleinstaaterei im Alten Reich – zeitweise auf sie setzen mochten. Der französische Kriegsherr und Besatzer, der Soldaten und Ressourcen der okkupierten Länder für die Zwecke französischer Militär- und Wirtschaftspolitik verschlang, vertrug sich nicht mit dem idealisierten Bild des Reformers, der mit dem Transfer der Errungenschaften der Französischen Revolution auch anderswo «moralische Eroberungen» machen und sein System befestigen wollte. Gleichwohl sollten die Übernahme des französischen Rechts- und Verwaltungssystems, der revolutionären bürgerlichen Sozial- und Eigentumsordnung und die Frühformen einer Verfassung wie einer parlamentarischen Mitbestimmung, auch wenn sie unvollständig und widersprüchlich blieben, von nachhaltiger Wirkung beim Übergang gerade der deutschen Staaten in die Moderne bleiben. Das hatte auch manchen deutschen Intellektuellen und Patrioten eine Weile für Napoleon eingenommen und in ihm gar wie Hegel den «Weltgeist zu Pferde» sehen lassen. Die deutsche Napoleonbegeisterung hatte jedoch nur Bestand, bis der Kriegsherr 1806 auch Preußen überrannte und den Krieg zu einer Dauererscheinung machte.

Empire und europäisches Staatensystem

Seit 1792 hatte die Revolution den Krieg mit den alten Mächten zur eigenen Rechtfertigung und inneren Konsolidierung genutzt. Auch wenn die militärischen Erfolge, die der junge General Bonaparte – der nachmalige Kaiser Napoleon I. – seit seinen Italien-Feldzügen 1796/97 erringen konnte, die Erinnerungen an die Zeit der Diktatur der Revolution vergessen machen sollte und dafür den Vorstellungen von einer Grande Nation neue Nahrung gaben, war für die kollektive Psyche der Franzosen der Sieg des Ersten Konsuls und Kaisers über Hunger und Arbeitslosigkeit wichtiger als die Siegesnachrichten von Marengo oder Austerlitz; und es war maßgeblicher, dass mit den militärischen Erfolgen über die alten Mächte die Sorge um die Erhaltung der Errungenschaften der Revolution, zu denen nicht zuletzt auch die Umverteilungen von Grundbesitz gehörten, gegenstandslos zu werden schien. Wichtiger für die Anerkennung und Popularität des erfolgreichen Feldherrn war die Hoffnung auf Frieden, der mit dem Vertrag von Amiens 1802 nach einem Jahrzehnt der europäischen Kriege sich anzukündigen schien, aber dann doch nur in einen kurzen Waffenstillstand mündete, der die Kette der Kriege bloß vorübergehend unterbrach.

Krieg und Eroberung versperrten Napoleon zugleich die außenpolitische Integration in das System der europäischen Mächte. Denn für ihn waren Außen- und Eroberungspolitik einzig auf die Rechtfertigung der persönlichen Herrschaft angelegt und kannten nur die Methoden von Gewalt und Drohung. Seine Kriege waren längst keine Kreuzzüge mehr für die Freiheit der Völker, und noch weniger waren es nationale Verteidigungskriege. Schon während seines Konsulats – und nicht erst beim Gespräch mit Metternich in Dresden – hatte er gemeint, die Logik seines cäsarischen Herrschaftssystems treibe ihn zur permanenten Kriegs- und Eroberungspolitik: «Ein erster Konsul ähnelt nicht jenen Königen von Gottes Gnaden, die ihre Staaten als Erbe betrachten. Er muss sich durch Handlungen hervortun und folglich Krieg führen.» Tatsächlich mischten sich in diese Logik jedoch immer deutlicher persönliches Machtstreben und Ruhmsucht.

Mit der Errichtung des Kaisertums veränderte sich auch der

Stil seiner Außenpolitik. Während er als Erster Konsul zwischen 1799 und 1804 noch Diskussionen in den politischen Führungszirkeln und auch Änderungen seines jeweiligen Kurses zugelassen und auch mit seinem Außenminister Talleyrand gut zusammengearbeitet hatte, duldete er als Kaiser keinen Widerspruch mehr. Seine Vorhaben waren längst nicht mehr sorgfältig geplant, und die persönliche Herrschaft führte zu mitunter überraschenden Kurswechseln. Bereits mit dem Frieden von Amiens befand sich Napoleon in einer machtpolitischen Position, die es ihm erlaubte, Europa von Frankreich aus und mit Frankreich im Zentrum in einer neuen Form zu organisieren. 1805 war er dann endgültig auf dem Höhepunkt seiner außenpolitischen Gestaltungsmacht angelangt – dort aber auch unzugänglich für den Rat vonseiten Dritter und so heillos gefangen in seinen einsamen, eigenmächtigen Entscheidungen. Während sein Außenminister Talleyrand ihm nach dem Sieg von Ulm im Oktober 1805 in einem ausführlichen Bericht riet, den Krieg nicht fortzusetzen und ein enges Bündnis mit dem besiegten Österreich anzustreben bzw. umgekehrt Russland von den weiteren Entscheidungen auszuschließen, entschied sich Napoleon für das Gegenteil: Österreich musste bestraft werden; ein System der Kontinentalmächte sollte errichtet werden, das vor allem gegen England gerichtet war. Er wollte (nach der vernichtenden französischen Niederlage in der Seeschlacht bei Trafalgar) «das Meer auf dem Land bezwingen», d. h., den Kontinent unter seiner Führung in Stellung gegen England bringen. Dafür ging er zwei Bündnisse ein, die am Ende jedoch zu nichts führten: nach den Verträgen von Tilsit ein Bündnis mit Russland, das einer «Aufteilung der Welt» gleichzukommen schien; und dann das Ehebündnis mit Österreich durch die Heirat mit Marie-Louise 1810. Auch die Verheißungen und Rechtfertigungen einer neuen europäischen Ordnung, die sich aus den militärischen Eroberungen der siegreichen napoleonischen Armee herausschälen oder entwickeln ließen, wirkten aufgesetzt und widersprüchlich, auch wenn sie neben allen französischen Hegemonialansprüchen zukunftsfähig erschienen und ideengeschichtlich an verschiedene europäische Föderationspläne anknüpften. In zwei Etappen – nach dem Frieden von Lunéville und Amiens 1801/02 und dann 1807 nach den Verträgen von Tilsit – zeichnete sich eine europäische Neuordnung durch eine Konföderation europäischer Staaten, gruppiert um Frankreich, ab. Sie sollte sich auf die Schwester- und Bruderrepubliken stützen, die von Napoleon gegründet und an seine Brüder mit dem Ziel einer neuen Dynastiebildung übertragen wurden. Sie stützte sich zudem auf die Rheinbundstaaten, die ebenfalls unter dem französischen Protektorat standen, deren Etablierung überdies den deutschen Zentralisierungs- und Einigungsprozess im Süden des Reiches vorantrieb. Doch für beide Konstruktionsmodelle, die Brudermonarchien wie die Protektorate in Form des Rheinbundes galt, dass sie immer Kreaturen Napoleons und im Wesentlichen Gegenstand seiner machtpolitischen Interessen blieben, bis hin zur rücksichtslosen Aushebung von Soldaten für die Kriege des französischen *Empire* und die Bedürfnisse des «Menschenfressers» Napoleon, als der er bald in Karikaturen dargestellt wurde. Auch die kaiserlichen Brüder, die über das Königreich Westfalen oder über Holland, über Neapel, Spanien und das Großherzogtum Berg herrschten, waren und blieben französische Fürsten und Untertanen des Kaisers, der sie eingesetzt hatte, um die französische Vorherrschaft durch eine Einheitlichkeit der Verfassungs- und Verwaltungsformen und durch die Unterwerfung der betroffenen Länder unter französische Macht- und Wirtschaftsinteressen zu sichern. Eigene nationale Belange der einzelnen Brudermonarchien spielten dabei keine oder nur eine zweitrangige Rolle.

Auch das Kontinentalsystem, das den Abschluss eines europäischen Systems der Vereinheitlichung und Zentralisierung bilden sollte und dabei rationalen Gestaltungsprinzipien einer neuen europäischen Wirtschaftsordnung verpflichtet schien, blieb Fassade, hinter der sich die napoleonischen Ziele eines Wirtschaftskrieges gegen England verbargen, den der Kaiser auf dem Meer nicht führen konnte, weil er der britischen Flotte unterlegen war. Das europäische Ausland, das dem System der Kontinentalsperre eingegliedert war, sollte nur französische Wa-

Empire und europäisches Staatensystem

ren und nicht länger englische einführen; umgekehrt würde Frankreich allen Gütern die Grenzen öffnen, die den eigenen Gewerben und Industrien nützlich und notwendig waren. In der Praxis bedeutet dies eine Umlenkung aller Waren- und Handelsströme, eine Herausforderung für alle bewährten Formen der Produktion und des Verbrauchs. Hinzu kam, dass das Kontinentalsystem, kaum dass es endgültig geschaffen worden war, auch schon bröckelte, als sich Spanien seit 1808 in immer neuen Aufständen gegen die napoleonische Herrschaft erhob. Das «Werk von Tilsit», das auch dem Kontinentalsystem neue Festigkeit und Geschlossenheit verleihen sollte, konnte nur kurze Zeit Früchte tragen.

Worin aber bestand die Allianz von Tilsit und welche Wirkung hatte sich Napoleon davon erhofft? Die Verträge von Tilsit, die am 7. Juli 1807 zwischen Napoleon und Zar Alexander geschlossen wurden, beinhalteten einen Friedensvertrag, einen Geheimartikel und einen Bündnispakt. Hinzu kam ein Abkommen mit Preußen am 9. Juli. Preußen verlor seine Besitzungen westlich der Elbe und musste auch seine polnischen Provinzen abtreten mit Ausnahme eines Teils von Westpreußen, das einen schmalen Korridor zwischen Brandenburg und Pommern einerseits und Ostpreußen andererseits bildete. Die polnische Beute wurde zugunsten des Königs von Sachsen zu einem Großherzogtum Warschau mit einer Verfassungsordnung umgebildet und dem Rheinbund angeschlossen. Das scheinbar wiederhergestellte Polen war in Wahrheit nur eine französische Militärstation und sollte das neue französisch-russische Bündnis bald in die Krise treiben. Für den Zaren, der auf Vorteile im Mittelmeer verzichtete, eröffnete sich umgekehrt die Aussicht auf Eroberung Finnlands und der Türkei; Napoleon behielt sich die Eroberung Portugals und die Bildung der erwähnten europäischen Föderation vor. Preußen musste sich an der Kontinentalsperre beteiligen, und auch Österreich war zwischen Frankreich und Russland zur Ohnmacht verurteilt. Tilsit war für Napoleon ein großer Erfolg, und nach Hause zurückgekehrt verlieh man ihm dann auch den Beinamen «der Große», den zuletzt Ludwig XIV. erhalten hatte. Napoleon selbst verkündete stolz:

«Das Werk von Tilsit wird das Schicksal der Welt regeln.» Doch deutete bald manches darauf hin, dass das Werk von Tilsit nicht von Dauer sein würde.

Doch wie tief auch immer die Spuren der Reform von oben, die die napoleonische Herrschaft in Europa durchführte, in den einzelnen Staaten und ihren politisch-sozialen Ordnungen waren, ihr Erfolg blieb nicht nur durch die erwähnten immanenten Widersprüche dieser Modernisierungspolitik begrenzt, sondern auch durch die militärisch-politische Entwicklung des napoleonischen Empire, nachdem es seinen Höhepunkt, der zwischen 1807 und 1810 lag, unwiderruflich überschritten hatte und sich danach im rasanten Niedergang befand.

Die Dynamik dieses Niedergangs resultierte aus den machtpolitischen Überdehnungen, dem Widerstand, den in den verschiedenen Territorien die Beherrschten leisteten, und schließlich aus der militärischen und diplomatischen Konstellation, die von Napoleon mit seiner Herausforderung an die Adresse des russischen Zaren selbst herbeigeführt wurde.

Die Machtüberdehnung war vorprogrammiert, als Napoleon mehrere Chancen zu einer dauerhaften europäischen Friedensordnung, die er immer nur propagiert hatte, ausließ, sei es, weil er sich zum Erfolg verdammt fühlte, sei es, weil Krieg zu führen zu seinem Bewegungsgesetz geworden war und Frieden ihn irritierte. Noch war die französische Hegemonie über den Kontinent scheinbar sicher, war deren Legitimation durch «moralische Eroberungen» gewährleistet und durch Reformen vor Ort durchaus attraktiv; doch über ihre Dauerhaftigkeit entschieden schließlich die politisch-militärischen Konstellationen. Erste Risse in der europäischen Herrschaftsordnung Napoleons zeigten sich, wie bereits erwähnt, seit 1808 auf der Iberischen Halbinsel. Nationale Aufstandsbewegungen deuteten die Brüchigkeit der neuen Ordnung an und zeigten sowohl die Grenzen dessen auf, was die europäischen Völker bereit waren hinzunehmen, wie auch die Grenzen der Belastbarkeit des französischen *Empire*.

Bald offenbarte sich die Fragilität jener Bündniskonstruktion, die Napoleon in Tilsit durchgesetzt hatte. Das französisch-russische Bündnis hatte eigentlich vorgesehen, dass der Zar dem Kaiser hätte gegenüber Österreich den Rücken militärisch-politisch freihalten müssen, sobald dieser sich in Spanien engagieren musste. Doch das tat der Zar nicht, und so sah sich der Korse 1809 zum erneuten Feldzug gegen Österreich gezwungen, den er, wenn auch nur mit größten Anstrengungen, noch einmal erfolgreich gestalten konnte. Österreich hatte seinerzeit die Vierte Koalition gegen Frankreich zustande gebracht und den Krieg eröffnet, um die traditionellen Strukturen des Kaiserreichs wiederherzustellen. Zwar beschwor Metternich Anfang 1809, vor dem Feldzug, die Möglichkeit eines nationalen Krieges für alle Deutschen und alle Stände – doch im Kern verfolgte Wien ganz eigennützige Ziele und blieb unter der Führung Metternichs letztendlich bei einer Politik des Bewahrens und der Opportunität. Für Napoleon brachte der ihm aufgezwungene Feldzug, zu dem er aufbrechen musste, bevor die spanischen Angelegenheiten gelöst waren, bei Aspern und bei Essling Niederlagen, die an seinem Image nagten und dem Prestigeverlust auf der Iberischen Halbinsel glichen bzw. diese verstärkten. Allerdings konnte sich Bonaparte bei Wagram (5./6. Juli 1809) noch einmal retten und in der Folge Österreich den harten Frieden von Schönbrunn auferlegen; aber es lastete auf diesem Kriegszug fortan das Odium, dass auch der große Eroberer besiegbar war. Überdies hatten Unruhen und Volksaufstände von Spanien bis Tirol gezeigt, dass hinter den regulären Truppen der europäischen Mächte auch Potentiale einer Befreiungsbewegung schlummerten, die sich zwar aus alltäglichen sozialen Nöten und Zumutungen speisten, sich aber propagandistisch durchaus auch mit nationalen Tönen verbinden ließen. Das war auch die Chance einer preußischen Befreiungsbewegung, die in den Jahren um 1809 gedacht und mit den preußischen Reformen mittelfristig ins Werk gesetzt wurde.

Zwar konnte Napoleon im Frieden von Schönbrunn Österreich seiner südlichen Provinzen am Mittelmeer und auch seines polnischen Vorfeldes berauben, schließlich auch in Spanien die Provinzen nördlich des Ebro annektieren und damit das französische Staatsgebiet noch einmal erweitern; doch änderten diese

Erfolge nichts an der offensichtlichen wirtschaftlich-finanziellen Erschöpfung, die neben anderen auch der kostspielige und langwierige Spanienkrieg ausgelöst hatte. Schließlich musste der Eroberer an seinen General Berthier, den Major Général de l'Armée d'Espagne im Februar 1810 schreiben: «Ich vermag nicht mehr für die enormen Ausgaben meiner Armee in Spanien aufzukommen. Deshalb wünsche ich, dass die Verwaltung des eroberten Landes in den Händen der Generäle liegt, die in diesen Provinzen den Oberbefehl haben, damit alle Ressourcen für die Erfordernisse der Armee verwendet werden können. Überdies sehe ich mich außer Stande, weiterhin Monat für Monat zwei Millionen (Francs) zu schicken, um den Sold der Truppen zu bezahlen, die in der Umgebung von Madrid stationiert sind und die den Kern der Spanienarmee bilden.»

Doch nicht der Krieg in Spanien war für dieses Eingeständnis finanzieller Ohnmacht allein verantwortlich; hinzu kam eine Wirtschaftskrise in Frankreich, die ebenfalls Ende 1809 begann und ihren Höhepunkt 1811 erreichte. Sie zeigte die üblichen Symptome, die schon den Verlauf der Revolution und die Instabilität ihrer Verfassungsordnungen bestimmt hatten: Der Brotpreis stieg wieder einmal drastisch an – um mehr als 50 Prozent –, was die Unzufriedenheit der städtischen Volksmassen schürte, für die das Brot das wichtigste Nahrungsmittel war. Das Wirtschaftsbürgertum, das bislang die Erfolge des Kaisers auch für sich hatte nutzen können, erlebte gleichfalls den Konjunktureinbruch schmerzlich und fiel vom erfolgsverwöhnten charismatischen Herrscher ab. Schließlich verschlangen die Kriege immer mehr Soldaten, und die jährlichen Rekrutenaushebungen beeinträchtigten nachhaltig die öffentliche Stimmung. Eine «große Ernüchterung» herrschte in der französischen Gesellschaft seit 1808 und ließ die Zustimmung für das cäsarische Regime merklich abkühlen, während sich Napoleon außenpolitisch nach Tilsit und Wagram und nach dem Fürstentag von Erfurt und erst recht 1810 mit seiner Eheschließung mit Marie-Louise von Österreich – der Tochter Kaiser Franz' I. – auf dem Höhepunkt seiner politischen Macht befand. Damit hoffte er, endlich jene erträumte Ebenbürtigkeit mit den gekrönten Häuptern des alten Europa erreicht zu haben, die er hinfort als seine «confrères» anredete. Symbolisch fand das seinen Ausdruck in der Schaffung neuer Adelstitel und -ränge für die Eliten des *Empire*, die napoleonischen Generäle eingeschlossen. Insgesamt 3263 Personen, in der Mehrheit Militärs und zivile Funktionsträger, wurden in dieser Zeit in die *Noblesse d'Empire* erhoben – treue Anhänger des Kaisers waren sie gleichwohl nur so lange, als ihr Gönner Erfolg hatte.

Zu dem System der Brudermonarchien, d. h. der Einsetzung seiner Brüder und anderer Familienangehöriger auf den neugeschaffenen europäischen Thronen, von denen er sich eine zuverlässige und loyale Herrschaftsausübung im besetzten und neu zu ordnenden Europa versprach, gehörten auch strenge Kontrollen über diese sowie mitunter im Befehlston vorgebrachte Anweisungen bzw. harsche Ermahnungen an die Adresse der Brüder. Immer deutlicher wurde er gegenüber seinem jungen Bruder Jérôme und dessen Misswirtschaft im Königreich Westfalen, einem nicht nur bunt zusammengewürfelten Herrschaftsgebiet, sondern einem Reserve- und Aufstellungsraum für weitere Feldzüge. Das Königreich Westfalen sollte vor allem Geld und Soldaten stellen; deren Aushebung freilich ließ die Unzufriedenheit im Lande wachsen, bis es zu einer Revolte in der westfälischen Armee und zu Bauernunruhen kam, die auch auf die Städte übergriffen. Noch rigoroser als mit dem leichtlebigen Jérôme («Morgen wieder lustig.»), der nur zu einer besseren Verwaltung des Landes und einem vorbildlichen Lebenswandel angehalten wurde, ging der Chef der bonapartistischen Familienwirtschaft mit seinem Bruder Louis in Holland um, der entmachtet und dessen Territorium Holland annektiert wurde. Die deutschen Hansestädte und die norddeutsche Küste dem Empire im Dezember 1810 einzuverleiben, war nur die Fortsetzung dieser Eingriffe und offenbarte deren machtpolitischen Hintergrund: Es ging um die Sicherung von wirtschafts- und machtpolitisch wichtigen Gebieten, wo die Unzufriedenheit aller im Handel Engagierten und nicht zuletzt der Kaufleute selbst über das System der Kontinentalsperre ständig gewachsen war und sich zu einem systembedrohenden Faktor entwickelt hatte. Annexion und weitere Rüstung waren die Antworten Napoleons auf die Risse in seinem Herrschaftssystem. Doch je mehr Napoleon den Druck verstärkte und überall die französischen Herrschaftsmuster und -interessen durchsetzte, desto mehr wuchs der Widerstand. Dieser Widerstand – das zeigten die Aufstände in Spanien und die Unruhen in Westfalen – wurde befeuert durch die Erinnerung an eine Vergangenheit vor Napoleon und durch das Vertrauen auf die Unregierbarkeit großer und herrschaftsferner Räume.

Vorerst blieb es, im Schatten des Krieges von 1809, bei einzelnen Widerstandsplanungen, bei losen Kontakten und Konspirationen. Ein Berliner Comité, dem vor allem Militärs angehörten und das Querverbindungen zu anderen patriotischen Gesellschaften besaß, hatte Konnexionen zu anderen antifranzösischen Zirkeln in der preußischen Provinz und nach Österreich hergestellt, bis man im März 1809 einen Aufstandsplan umsetzen und mit der Einnahme französischer Festungen im Handstreich ein Fanal zu einer allgemeinen Erhebung setzen wollte. Doch blieb dieser Versuch erfolglos, wie so manche seiner Vorläufer: So hatte Major Ferdinand von Schill schon im Jahr 1806 ein Korps aus Freiwilligen angeführt und mehrmals die französischen Nachschublinien unterbrochen. Im Januar 1807 erhielt er vom preußischen König den Auftrag, ein Freikorps aufzubauen. Damit hatte er im Sommer 1807 einige Aktionen gegen französische Truppen geführt, bis mit dem Vertrag von Tilsit sein Freikorps aufgelöst werden musste, Schill aber als Held gefeiert wurde. Als er im Herbst 1808 mit seinem Regiment als erste preußische Einheit nach den Niederlagen von 1806 in Berlin einzog, kannte der Jubel keine Grenzen, und auch Schill verlor jedes Augenmaß. Er wollte – unter seiner Führung – einen Volksaufstand gegen die Franzosen anzetteln und suchte den Kontakt zu anderen patriotischen Organisationen in Preußen. Am 27. April beschloss er schließlich, auf eigene Faust, mit dem Aufstand zu beginnen und mit dieser Aktion auch den König zum Eingreifen zu bewegen. Doch endete sein Abenteuer schon einen Monat später, als er in Stralsund von einem Holländer in französischen Diensten erschossen wurde. Die überlebenden

Offiziere und Soldaten wurden wegen ihrer Beteiligung am Aufstand auf Napoleons Veranlassung erschossen.

Die tiefe Krisenstimmung im von der Niederlage von 1806/07 schwer gezeichneten Preußen engte den Handlungsspielraum für eine Wiederaufrüstung und eine Volkserhebung, wie sie auch von den führenden Heeresreformern Gerhardt v. Scharnhorst und Neidhardt v. Gneisenau in einer Denkschrift vom 8. August 1811 vertreten wurden, beträchtlich ein. Weder der König noch die Mehrheit der Offiziere unterstützten den Plan einer Volkserhebung. Auch konnte von einer patriotischen oder gar nationalen Stimmung in *breiten* Bevölkerungskreisen zunächst keine Rede sein. Dazu war die Finanz- und Wirtschaftslage quer durch alle Bevölkerungsgruppen zu katastrophal. Der preußische (Rest-)Staat stand zwischen 1807 und 1815 folglich immer wieder kurz vor dem Bankerott. Die Staatseinnahmen erreichten zwischen 1807 und 1812 nicht einmal die Hälfte der Einnahmen von 1805, während die Staatsausgaben in den Krisenjahren 1806/07 bis 1812/15 doppelt so hoch waren wie üblich. Heereslieferungen und die Belastungen durch französische Truppendurchzüge und Besatzungskosten taten ein Übriges. Die preußische Staatskasse und die preußischen Provinzen befanden sich in desolatem Zustand. Die schwere Staatskrise bedrohte die staatliche Existenz Preußens und war nach Meinung der Reformer nur durch einen erfolgreichen Krieg gegen Napoleon zu beheben. Doch auch der Reformkurs, der nun als Konsequenz der Niederlage von 1806/07 und in der Erwartung einer raschen Erholung bzw. Mobilisierung Preußens gegen Napoleon eingeschlagen wurde, änderte zunächst an der schlechten Stimmung nur wenig; im Gegenteil, die Skepsis gegenüber den Reformen wuchs und wurde durch die steigenden Staatsausgaben, durch Sondersteuern und Zwangsanleihen noch verstärkt. Nur im Zusammenhang mit einzelnen Aktionen und Anlässen wurde aus der Hauptstadt Berlin von einem kurzfristigen Stimmungsumschwung und patriotischen Gefühlsausbrüchen berichtet: beim Wiedereinmarsch der preußischen Armee im Dezember 1808, den Schill anführte, bei der Rückkehr des Königspaares nach Berlin im Dezember 1809 oder als Königin Luise im Juli 1810 starb. Zudem erlebte das Gefühl der Krise und Demütigung noch eine weitere, letzte Steigerung, als am 4. März Preußen ein Militärbündnis mit Frankreich unterschreiben musste, das das Land wieder zum Durchmarschgebiet für die *Grande Armée* machte und der preußischen Bevölkerung neue Belastungen durch Rüstungsleistungen und Truppengestellungen aufbürdete. Mehr als 20 000 Mann mussten als Hilfskorps für die Invasionsstreitmacht Napoleons abgestellt werden; hinzu kamen schwere Belastungen infolge der geforderten Lieferungen von Brotgetreide, Hafer und Heu, Bier und Branntwein, Pferde und Ochsen, Gespanne und Lazaretteinrichtungen für durchziehende französische Truppen.

Die neue Kriegführung der Französischen Revolution mit einem «Volksheer» hatte nicht nur zur allgemeinen Mobilisierung der französischen Zivilbevölkerung für den Krieg geführt, sondern brachte auch für die Bevölkerung der verbündeten und gegnerischen Staaten erhebliche Belastungen mit sich, die in diesen Dimensionen bis dahin unbekannt waren. Ausrüstung, Bewaffnung und Verpflegung der napoleonischen Truppen mussten aus dem Land kommen, das den Krieg zu ertragen und zu ernähren hatte. Mit den Niederlagen und wirtschaftlichen Engpässen, in die die permanenten Kriege auch die *Grande Nation* inzwischen geführt hatten, nahm diese Tendenz rapide zu.

Der verstärkte Druck und eine verstärkte Repression im Inneren waren gepaart mit einer wachsenden Realitätsblindheit. «Wäre ich der Erbe des Thrones von Louis XV oder von Louis XVI, dann wäre ich dazu verdammt, auf meinen Knien den Frieden von England zu erflehen. Tatsächlich aber bin ich der Nachfolger der Kaiser von Frankreich. Ich habe meinem Reich die Mündungen der größten Flüsse Europas und der Adria einverleibt. Nichts kann mich daran hindern, eine Flotte von 200 seegängigen Schiffen zu bauen und auszurüsten. Ich weiß, dass die Engländer die besseren Admiräle haben und dass das ein großer Vorteil ist. Aber in dem Maße, in dem man uns zwingt zu kämpfen, werden wir auch lernen zu siegen. Wir werden eine, zwei, drei Schlachten verlieren, aber wir werden die vierte gewinnen aus dem einfachen und selbstverständlichen Grund, dass derjenige, welcher der Stärkere ist, den Schwächeren überwältigen muss.» Das war ganz und gar ernst gemeint und stellt – flankiert durch vergleichbare Äußerungen – einen gesicherten Beleg für die damals bereits ungefilterte Machtbesessenheit und fatale Hybris des sieggewohnten Kaisers dar, der damit auch seine Qualitäten als planender Feldherr verloren oder vergessen hatte und – avant la lettre – nachgerade sozialdarwinistisch dachte; Rücksicht auf sein Land und seine Soldaten kannte er jedenfalls nicht mehr.

3. Die Wende: Napoleons Feldzug in Russland und der Aufstand Europas

Der Feldzug gegen Russland begann mit einem eindrucksvollen fast zweiwöchigen Staatsakt in Dresden im Mai 1812, an der fast alle europäischen Souveräne von Napoleons Gnaden teilnahmen, nur um die Macht des *Empereur* zu demonstrieren. Der Feldzug endete mit dem katastrophalen Rückzug aus Moskau im Oktober 1812. Die *Grande Armée* hatte am 24. Juni mit 449 000 Mann und 1146 Kanonen die Memel überschritten und damit den Angriff eröffnet. Es sollte ein kurzer Feldzug werden. Doch die russischen Verteidiger ließen Napoleons gewaltige Streitmacht, die bereits auf dem Vormarsch erhebliche Verluste erleiden musste, zwei Monate lang ins Leere laufen und wichen immer wieder aus. Bei Borodino kam es dann doch zu einer verlustreichen Schlacht, bei der die *Grande Armée* allein 47 Generäle und rund 28 000 Mann verlor. Die russische Armee hatte 52 000 Tote zu beklagen. Nun blieb dem Angreifer endgültig nur noch der Vorstoß auf Moskau, wo die napoleonischen Truppen am 14. September eintrafen. In der Nacht zum 15. September begannen die Russen, ihre Hauptstadt planmäßig niederzubrennen. Der Brand zerstörte drei Viertel der Stadt und machte sie, auch für die Invasoren, unbewohnbar. «Das ist das Vorzeichen großen Unglücks», soll Napoleon beim Blick auf das brennende Moskau geäußert haben. Schließlich lehnte Zar Alexander alle Verhandlungen ab. Darauf gab Napoleon Mitte Oktober den Befehl zum Rückzug. Bis Smolensk verlief der Rückzug noch halbwegs geordnet, danach mündete er in eine kopflose Flucht der verbliebenen Reste der *Grande Armée*. Der russische Oberbefehlshaber Kutusow hatte den Weg verstellt und ließ unter Ausnutzung der geographischen wie klimatischen Bedingungen – der wirkmächtigste Verbündete der Russen war «General Winter» – den Rückzug immer wieder durch einzelne Schläge stören, bis die Truppen Napoleons beim Übergang über den Hochwasser führenden und mit Treibeis übersäten Fluss Beresina zwischen dem 26. und 28. November trotz erfolgreicher Abwehrkämpfe gegen die russischen Angreifer bis zu 25 000 Menschen verloren hatten. Nur 40 000 Invasoren entgingen der Vernichtung. Am Ende blieben rund 4000 kampffähige Soldaten übrig, die über ganze neun Geschütze verfügten. Die *Grande Armée* existierte nicht mehr. Napoleon aber war schon nach Paris vorausgeeilt, um eine neue Armee aufzustellen. Dies gelang ihm in einer erstaunlich kurzen Zeit, auch wenn die 300 000 Rekruten im Alter zwischen 18 und 19 Jahren noch ohne militärische Ausbildung und Erfahrung waren. Die düsteren Nachrichten, die aus Mitteleuropa kamen, bestärkten den Kaiser in seinem Willen, den Fehler des Russlandfeldzuges wieder gutzumachen und die Offensive zu suchen.

Napoleons Niederlage wurde zum Fanal für die Regierenden, nun eine breite Bündnispolitik gegen die napoleonische Herrschaft in Europa zu betreiben und für die Deutschen eine starke Nationalbewegung hervorzubringen. Als seit dem 10. Dezember die Reste der geschlagenen *Grande Armée* durch den preußischen Osten zogen und Napoleon am 21. Dezember 1812 auch offiziell die Niederlage eingestehen musste, kam es in Preußen endgültig zum Stimmungsumschwung. Die Zahl der Adressen und Eingaben an den preußischen König, in denen nun ein Bündnis Preußens mit Russland gefordert wurde, wuchs seit dem Dezember dramatisch. Die Konvention von Tauroggen, mit der General Hans David Ludwig Yorck v. Wartenburg, Befehlshaber eines preußischen Hilfskorps, am 30. Dezember 1812 eigenmächtig mit dem russischen Hauptquartier die vorübergehende Neutralisierung des Hilfskorps vereinbarte und einen Landstrich zwischen Memel, Tilsit und Kurischem Haff für neutral erklärte, durch den lediglich russische Truppen ziehen durften, wurde zu einem Signal der Erhebung. Der preußische König missbilligte einstweilen diesen Ungehorsam und wollte Napoleon weiter Gefolgschaft leisten, auch wenn Berater und Publizisten von ihm den bündnispolitischen Seitenwechsel und ein Signal zum Losschlagen forderten. Im Februar nahm die öffentliche Erregung zu. «Der König ist nicht mehr in der Lage die Begeisterung zu unterdrücken, die sich beinahe aller Gemüter bemächtigt hat», schrieb der geheime englische Beauftragte und spätere hannoversche Staatsminister Ludwig Freiherr v. Ompteda nach London. Die politischen Eigenmächtigkeiten häuften sich. Am 7. Februar beschloss der Landtag der ostpreußischen Stände, in ihrer Provinz eine Landwehr zu bilden und das Volk zu bewaffnen. Die jungen Männer wurden aufgerufen, freiwillige Jäger-Detachements zu bilden. Die Aufhebung der bisherigen Befreiungen von der Kantonspflichtigkeit für die Dauer des Krieges am 9. Februar kam der Verkündung einer Allgemeinen Wehrpflicht gleich. Dem preußischen König schien der Krieg angesichts der Kräfteverhältnisse nach wie vor ein zu großes Wagnis. Doch die Forderungen nach der Proklamation eines nationalen Befreiungskriegs rissen nicht ab. In Leipzig rief der Professor Traugott Krug die Jugend zum Kampf auf gegen «jenen Verbrecher, der, alles Recht mit Füßen tretend, das Glück der Völker zertrümmernd, nur immerfort von Triumph zu Triumph über Leichenhügel einherschreitend, das bluttriefende Schwert nicht in die Scheide stecken will.» Was seit 1806/07 nur eine kleine Minderheit von «patriotischen», antinapoleonischen Publizisten und Denker wie Johann Gottlieb Fichte in «Reden an die deutsche Nation» proklamiert hatte, nämlich den Freiheitskampf des deutschen Volkes gegen «die militärische und kulturelle Unterjochung durch Frankreich», wurde unter dem Eindruck der Niederlage Napoleons in Russland zur Leitidee einer entstehenden Massenbewegung, der sich auch der preußische König, der angesichts der realen Machtverhältnisse bisher politische Zurückhaltung geübt hatte, nicht länger entziehen konnte. Schließlich schloss er am 28. Februar in Kalisch ein Bündnis mit Russland und erklärte am 16. März 1813 Napoleon offen den Krieg. Einen Tag später, am 17. März, rief er in seiner Proklamation «An mein Volk» alle wehrfähigen Männer zur Verteidigung des Vaterlandes auf und kündigte die sofortige Aufstellung einer Landwehr und für später die Einrichtung eines Landsturmes an. Damit wurde die allgemeine Wehrpflicht ohne die Möglichkeit einer Stellvertretung beschlossen.

Das Idealbild einer Nation in Waffen nahm Gestalt an. Am Tage zuvor hatte er das Eiserne Kreuz gestiftet, das als Kriegsauszeichnung Offizieren wie einfachen Soldaten verliehen werden konnte und damit symbolisch den veränderten Charakter des Krieges als Volkskrieg zum Ausdruck bringen sollte.

Napoleon reagierte auf die neuen Machtkonstellationen und Herausforderungen sofort. Am 5. März wies er seinen Stiefsohn Eugène de Beauharnais, den Vizekönig Italiens, an: «Behaupten Sie sich in Berlin, so lange Sie nur irgend können.» Er sollte mit seinen Truppen, die allerdings völlig geschwächt und demoralisiert waren, die gesamte Elblinie von Hamburg bis Dresden halten. Das war alles andere als realistisch, und Ende März war die französische Elbfront auf Hamburg und Magdeburg zusammengeschrumpft, und Blücher hatte kampflos die Stadt Dresden besetzt. Zur großen Konfrontation kam es zu diesem Zeitpunkt jedoch noch nicht, weil die russische Hauptmacht sich noch weit im Osten befand und weil auch die *Grande Armée* mit rund 120 000 Mann noch auf dem Weg nach Mitteldeutschland war. Außerdem verfügte Napoleon noch immer über die Unterstützung und Ressourcen eines nicht geringen Teils der deutschen Fürsten, wie etwa des Königs von Sachsen, der sich im Mai wieder unter französischen Schutz stellte.

Der Kampf gegen Napoleon, der in seine entscheidende Phase trat, brachte grundstürzende Veränderungen in der Gesellschafts- und Militärverfassung wie in der Nationsbildung mit sich. Preußen, das zur treibenden Kraft im antinapoleonischen Kampf wurde, hatte als Reaktion auf die Niederlage von Jena und Auerstedt (14.10.1806) mit der tiefgreifenden Reform von Staat und Gesellschaft begonnen, deren unmittelbares Ziel die Vorbereitung auf eine neuerliche militärische Auseinandersetzung mit Napoleon und damit die Wiederherstellung der preußischen Souveränität und politischen Machtposition sein musste. Mittelfristig sollten die Reformen die vorhandenen gesellschaftlichen Ressourcen freisetzen, auch um Preußens Finanz- und Wirtschaftskraft zu stärken. Die Reformer konzentrierten ihre Bemühungen zunächst auf die Rationalisierung der Exekutive und auf die Veränderung der Militärverfassung. Aus den Trümmern der preußischen Armee sollte eine neue militärische Organisation entstehen, die sich durch eine Straffung der Führung wie durch Verbesserungen in der Ausbildung, Taktik und Bewaffnung sowie durch eine Anpassung der Kampfführung an das napoleonische Vorbild auszeichnen sollte. Dazu gehörte auch die Auflösung des Adelsmonopols bei der Vergabe von Offiziersstellen im Heer. Beförderungen sollten ausschließlich an entsprechende Leistungen und Verdienste und nicht an die Standeszugehörigkeit geknüpft sein. Wenn Preußen dem französischen Gegner nicht nur militärisch gewachsen sein, sondern auch die Grundlagen für ein Militärsystem schaffen wollte, das auf der allgemeinen Wehrpflicht basierte, dann musste eine Aussöhnung zwischen Staatsbürgern und der in der Bevölkerung wenig geachteten Armee hergestellt werden. Die Armee sollte eine Pflanzstätte des Patriotismus werden. Außerdem musste in der Gesellschaft, vor allem in ihrem männlichen Teil, eine Bereitschaft zum Militär- und Kriegsdienst geweckt werden, wobei künftig die Soldaten durch eine allgemeine Wehrpflicht im Ernstfall zu den Fahnen gerufen werden konnten. Bisher erlaubte das Kantonreglement, zuletzt von 1792, eine weitgehende Befreiung von der Wehrpflicht, was dazu führte, dass nur ein relativ kleiner Teil der männlichen Bevölkerung tatsächlich zum Wehrdienst verpflichtet wurde. Wollte man die Wehrbereitschaft fördern, dann musste man auch eine verstärkte politische Teilnahme versprechen, wie sie in der Städteordnung von 1808 auch angekündigt worden war. Bürgersinn und Gemeingeist sollten nach dem Willen der Reformer zusammengehören. Schließlich verlangte das neue französische Konzept des Volkskrieges auch eine Mobilisierung der «Heimatfront», das heißt die Förderung von Nationalgeist und Opferbereitschaft, was umgekehrt auch Reformen der gesellschaftlichen und politischen Verfassung verlangte, die das Land in die Lage versetzen sollte, seine ökonomischen und sozialen Ressourcen zu mobilisieren. Die Förderung von Opferbereitschaft und kriegerischem Nationalgeist ließ sich nicht nur über Reformmaßnahmen und -gesetze herstellen, sondern durch die Weckung von Emotionen und die Popularisierung der nationalen Botschaften und Ideologien. Dazu sollten, wie auch in der Französischen Revolution, patriotische Feste und Rituale entstehen, die aus dem zunächst einmal nur temporären Konsens und den flüchtigen Gefühlen des antinapoleonischen Befreiungskampfes eine dauerhafte Einstellung und Mentalität machten. Der antinapoleonische Krieg wurde zum «heiligen Krieg» für das Vaterland, Krieg und Nation gingen in Zukunft auch im allgemeinen öffentlichen Bewusstsein eine enge Verbindung ein.

Mit der Einrichtung von Landwehrregimentern und der Aufstellung eines Landsturmes, in dem alle wehrfähigen Männer zwischen dem 15. und 60. Lebensjahr erfasst werden sollten, wurde die Idee einer Wehrhaftmachung der Nation am konsequentesten umgesetzt. Sie sollten vorrangig für die Heimatverteidigung eingesetzt werden. Im bevorstehenden Krieg des Jahres 1813 blieb die Bedeutung der neuen Militärformationen jedoch beschränkt, weil die Umsetzung der Maßnahmen noch nicht weit gediehen war und weil es dagegen erhebliche Bedenken im Offizierskorps gab. Außerdem wurden im Herbstfeldzug die ersten Landwehrregimenter kombiniert mit Linienregimentern und nicht als Paralleleinrichtung eingesetzt. Zu einem weiteren Symbol der wehrhaften Nation und zu Repräsentanten der Idee des Freiheitskriegs wurden die Freikorps, zu deren Bildung der König im Februar 1813 ebenfalls aufgerufen hatte. In ihnen sollten Freiwillige dienen, die sich selbst ausrüsten und versorgen konnten. Sie nahmen an der Seite der preußischen Armee an den Feldzügen des Jahres 1813 teil. Am bekanntesten wurden die Lützowschen Jäger unter Führung des Majors Ludwig Adolf Wilhelm von Lützow. Die Farben ihrer schwarzen Uniformen mit goldfarbenen Knöpfen und roten Aufschlägen sollten zu den Farben der deutschen Nationalbewegung werden. Ihre Popularität verdankten sie vor allem dem Opfertod Theodor Körners (verwundet am 17.6.1813 südwestlich von Leipzig, gestorben am 26.8.1813 bei Gadebusch in Mecklenburg) und der Repräsentation seiner Opferbereitschaft durch Lieder und Gemälde. Es wirkt auf uns Heutige verstörend, wie der Dichter Theodor Körner die Kampfeslust mit seinem noch 1813 veröffentlichten Gedicht «Aufruf» anzuheizen suchte, in dem er sich an seine Landsleute wandte:

> Das höchste Heil, das letzte liegt im Schwerte!
> Drück' Dir den Speer in's treue Herz hinein,
> der Freiheit eine Gasse! – Wasch' die Erde,
> Dein Deutschland mit Deinem Blute rein!

Mythos und Wirklichkeit der Landwehr wie der Freikorps standen freilich in einem deutlichen Widerspruch zueinander.

Vor allem bedeutete die allgemeine Mobilmachung eine beträchtliche Steigerung der Zahl der Militärpflichtigen. Bis Anfang August umfasste das preußische Feldheer 245 000 Mann. Davon gehörten 119 000 Mann zu den Linientruppen, 113 000 zur Landwehr, 11 000 zu den Freiwilligenformationen und 2000 zum Train und zu den Handwerkerkolonnen. Nun standen insgesamt 281 000 Männer unter Waffen, darunter 6900 Offiziere. Mehr als 10 % der männlichen Bevölkerung kam zum Kriegseinsatz. Das waren mehr als doppelt so viele Soldaten wie 1806. So gestalteten sich die praktischen Wirkungen der Heeresreformen, die von dem gesamten preußischen Reformprogramm – von der Verwaltungs- und Finanzreform über die Agrar- und Gewerbereformen bis zur Bildungsreform – als erste griffen. Die große Mobilisierung war freilich nur möglich, weil man schon vor 1813 heimlich aufgerüstet und seit 1808 mit dem «Krümpersystem» ein neues Rekrutierungssystem geschaffen hatte, das den Aufbau einer größeren militärischen Reserve erlaubte und die Beschränkung der preußischen Truppenstärke durch den Vertrag von Tilsit unterlief.

Die unmittelbare Konsequenz dieser Aufrüstung war ein weiterer Anstieg der Staatsverschuldung, zu der noch die außerordentlichen ökonomischen Belastungen durch Krieg und Niederlage von 1806/07 und durch die Wirtschaftspolitik Napoleons beitrugen. Nur ein siegreich ausgefochtener Krieg gegen Napoleon, so die Meinung der Reformer, würde aus der Wirtschafts- und Staatskrise führen. Langfristig würden durch diese Mobilisierung, die in den Befreiungskriegen Praxis wurde, größere

Teile der Gesellschaft in eine militärische Denk- und Verhaltenswelt integriert. Mit der nationalen Begeisterung und Propaganda der Befreiungskriege verband sich dieses Denken zugleich mit nationalen Gefühlen und Deutungen. Der Krieg wurde zum Nationalkrieg. Dieser konnte nach Meinung der Patrioten nur als «Volkskrieg» geführt werden und rechtfertigte sich allein als «Verteidigungskrieg», in dem es um die höchsten Güter der Nation ging, nämlich um Einheit, Ehre und Freiheit. Die antinapoleonischen Freiheitskriege lösten eine öffentliche Diskussion über den Krieg, über seinen Charakter und seine Rechtfertigung aus. Diese setzte sich vor allem nach der Völkerschlacht bis in die Tagespublizistik fort und soll darum in einem späteren Kapitel behandelt werden.

Reformen und nationale Befreiung waren anfangs nur Projekte von einigen preußischen Reformern und Patrioten, und ihnen ging deren Umsetzung nicht schnell genug. Vor allem forderten sie ein Ende des Abwartens und sahen ungeduldig bei verschiedenen Anlässen die Gelegenheit zum Losschlagen gegen Napoleon gekommen. Einige wähnten schon 1809 die Möglichkeit gegeben, nach spanischem Vorbild in Norddeutschland einen Guerrillakrieg gegen Napoleon als Signal für einen allgemeinen Aufstand zu entfachen. Zwei Jahre später forderten sie König Friedrich Wilhelm III. erneut auf, sich gegen Napoleon zu erheben, auch wenn dies das Ende Preußens hätte bedeuten können. Enttäuscht über die zögerliche Haltung des Monarchen wandten sich einige von ihm ab und gingen, nachdem Napoleon am 24. Juni 1812 die Memel Richtung Osten überschritten hatte, nach Russland, wo sie im Zaren Alexander einen neuen Hoffnungsträger sahen. Carl von Clausewitz, Generalstabsoffizier und Militärreformer, beriet den russischen Oberbefehlshaber Michail Kutusow; Freiherr vom Stein versuchte den Zaren davon zu überzeugen, dass er nun die europäische Aufstandsbewegung gegen Napoleon anführen müsse. Nach dem verlustreichen Rückzug Napoleons aus Russland sah Alexander tatsächlich den Augenblick gekommen, um sich als Befreier Europas um das Zustandekommen einer antinapoleonischen Koalition zu bemühen.

4. Der Frühjahrsfeldzug von 1813 und der Aufmarsch der Armeen

Das Bündnis Preußens mit Russland wurde zum Kern einer neuen Koalition gegen Napoleon und machte Preußen unter den deutschen Mächten endgültig zur treibenden Kraft im Befreiungskampf. Das sollte Preußen wieder in den Kreis der europäischen Mächte zurückführen. Der preußisch-russischen Koalition von Kalisch vom 28. Februar 1813 schlossen sich am 14. März das Herzogtum Mecklenburg-Schwerin, am 22. April Schweden, später im Sommer, während des Waffenstillstandes, Großbritannien und schließlich am 27. Juni auch Österreich an. Damit verschoben sich die Gewichte im Bündnis; Österreich, dessen Beitritt allein schon zahlenmäßig von entscheidender Bedeutung für die militärische Schlagkraft der Koalition wurde, beanspruchte nun die militärisch-politische Führungsrolle. Metternich hatte vorrangig die Interessen Österreichs im Auge, die auf zwei Prioritäten ausgerichtet waren: auf eine Schwächung, nicht aber auf eine Zerstörung Frankreichs sowie auf die Sicherung eines europäischen Mächtegleichgewichts und damit auf die Aufrechterhaltung einer staatlich-territorialen Vielfalt Deutschlands. Das Ziel einer deutschen nationalen Einheit – Wunschtraum breiter Bevölkerungsgruppen im Reich – konnte dagegen diese Interessen nur gefährden, denn die Realisierung der Idee eines einheitlichen deutschen Nationalstaates hätte wie ein Sprengsatz für die Existenz des habsburgischen Vielvölkerstaates wirken können. Darum nahm der Krieg von 1813 nach dem Willen Metternichs immer eindeutiger den Charakter eines Kabinettskrieges und nicht eines Volkskrieges an.

Napoleon war es nach der Rückkehr nach Paris dank seiner alten Energie und seinem Eifer inzwischen gelungen, noch einmal ein Heer von rund einer halben Million Mann aufzustellen. Die Reste der Russlandarmee wurden mit bis dato noch ungedienten Kräften des Rekrutierungsjahrganges 1813 und schließlich auch des Jahrganges 1814 sowie mit 80 000 Mann der Nationalgarde vereinigt. So konnte der rastlose Feldherr schließlich 650 000 Mann aufbieten, um die Scharte des Russlandfeldzuges auszuwetzen und seine Position in Europa trotz aller Risse in seinem Machtgefüge noch zu verteidigen. Die eine Hälfte der neuen *Grande Armée* sollte bei der Fortsetzung des Krieges in Deutschland, die andere in Spanien und Italien eingesetzt werden. Ergänzt werden sollten diese Truppen durch Kontingente der Rheinbundstaaten, denn zu diesem Zeitpunkt waren Napoleons Charisma und seine Macht immer noch groß genug, um die deutschen Landesherren und «Bündnispartner» unter französischer Kontrolle zu halten und zur Bereitstellung von Soldaten für den neuen Feldzug zu bewegen. An einen Wechsel der politischen Seiten dachte noch keiner dieser mittleren Fürsten. Mit den Württembergern, Westfalen, Sachsen und Bayern zusammen konnte Napoleon zu Beginn des Kriegszuges damit 200 000 Mann ins Feld schicken. Ihnen standen rund 340 000 Alliierte gegenüber. Doch das neue französische Heer bestand vorwiegend aus jungen, in aller Eile und damit nur unzureichend ausgebildeten Soldaten; es besaß nur noch die Quantität, nicht aber mehr die Qualität der früheren *Grande Armée*. Vor allem fehlte es an fähigem Führungsnachwuchs. Armand Augustin Caulaincourt, Oberhofstallmeister und Herzog von Vicenza, ein alter Vertrauter Napoleons, ging sogar so weit, die Rekruten als «organisierten Mob» zu bezeichnen. Insbesondere besaß Napoleon keine wirkungsvolle Kavallerie mehr, was eine ausreichende Aufklärung und Verfolgung des Gegners erschwerte.

Mit der Ausweitung und Etablierung der antinapoleonischen Koalition nahmen auch die Kriegsplanungen und Operationspläne der alliierten Armeen und Stäbe konkrete Formen an. Wie sollte man der napoleonischen Kriegskunst, der man auch beim Gegner höchste Achtung zollte, im Felde begegnen? Bereits die Kriegsplanungen der Alliierten zeigten, wie beschwerlich ein Koalitionskrieg sein konnte und welche Kompetenz- bzw. Abstimmungsprobleme es zwischen den Koalitionsmächten und innerhalb der beteiligten monarchischen Staaten geben konnte.

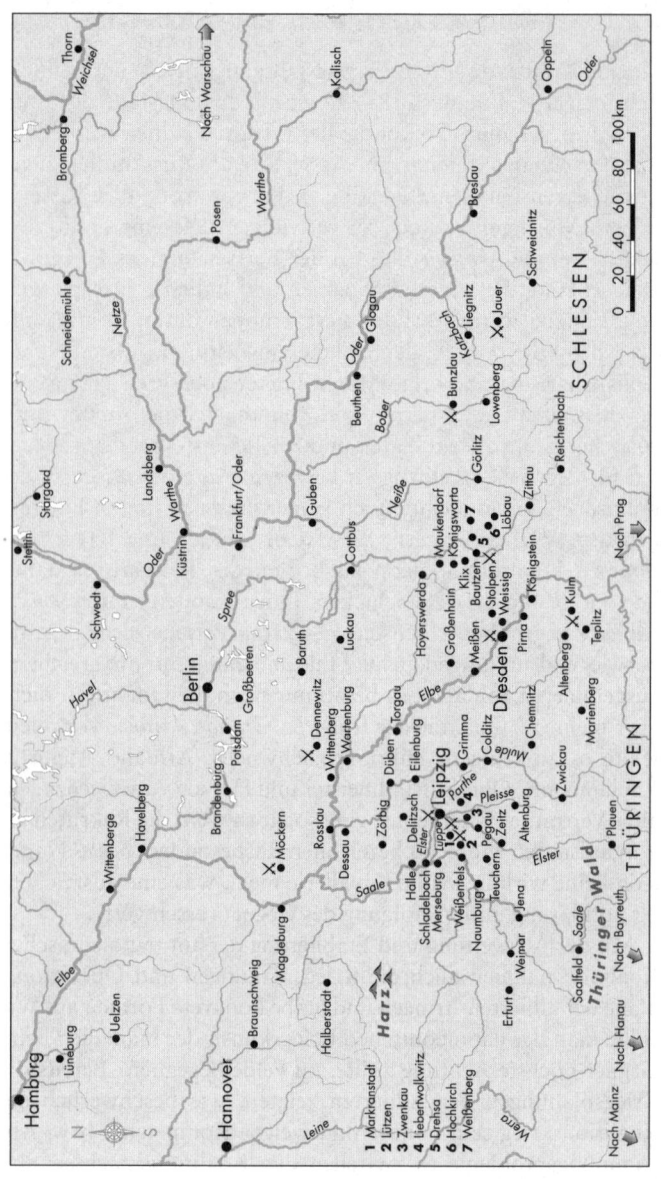

Die Schlachten des Befreiungskrieges 1813

Frühjahrsfeldzug 1813 und Aufmarsch der Armeen 39

Denn einmal vertraten die Alliierten bei aller Gemeinsamkeit in ihrem Kampf gegen Napoleon sehr unterschiedliche innen- und außenpolitische Interessen bzw. Konzepte, und überdies war die Kommunikation untereinander nicht zuletzt dadurch erschwert, dass keiner der militärischen Kommandoträger allein entscheiden konnte, sondern sich immer erst mit seinem Monarchen bzw. mit allen drei gekrönten Häuptern verständigen musste. Da hatte es Napoleon sehr viel einfacher, war er doch Kaiser und unumstrittener Oberbefehlshaber zugleich. Er verkörperte eine vollkommene Führungseinheit und konnte seine militärischen und politischen Entscheidungen unmittelbar auf dem Schlachtfeld treffen.

Einen ersten Kriegsplan, noch bevor Österreich dem Bündnis beigetreten war, hatte schon am 17. März 1813 Josef Wenzel Graf Radetzky vorgelegt, der Generalstabschef der österreichischen Armee. Er unterstand dem Oberbefehl von Fürst Karl zu Schwarzenberg, der zugleich auch Oberkommandierender aller Koalitionsarmeen war. Radetzky sollte zum eigentlichen militärischen Gegenspieler Napoleons werden. Er wollte – ähnlich wie zuvor schon Kutusow – eine «offensive Zermürbungsstrategie» gegen Napoleon praktizieren. Damit gedachte er diesem die Möglichkeit zu nehmen, in bewährter Weise durch eine überraschende Konzentration seiner Kräfte an einem Punkt zum Erfolg zu kommen. Dem zu erwartenden Vormarsch Napoleons in Richtung Elbe wollte er dadurch begegnen, dass die Franzosen durch getrennte Vorstöße einer russisch-preußischen Armee in Mitteldeutschland auf einer Linie Erfurt-Bamberg in Nord- und Süddeutschland getrennt würden, während die Österreicher von der Donau aus vorrücken sollten. So sollte Napoleon gezwungen werden, seine Kräfte aufzuteilen. Doch Kaiser Franz I. lehnte diesen Plan zunächst ab und verlangte ganz im Sinne der eigenen, österreichischen Interessen, dass eine starke österreichische Armee in Böhmen die habsburgischen Kernlande gegen einen möglichen Vormarsch Napoleons schützen sollte. Denn es bestand die Gefahr, dass sich Napoleon mit seiner Hauptarmee auf Österreich als Hauptgegner stürzen und folglich von Sachsen aus über Prag nach Wien vorrücken könnte.

Nach diesem Einspruch des Monarchen während des Waffenstillstandes im Sommer legte Radetzky am 10. Juni einen modifizierten Plan vor, der einem zu erwartenden französischen Angriff auf Österreich offensiv begegnen sollte; den anderen verbündeten Streitkräften empfahl er eine eher defensive Strategie. Diese – also Russland, Preußen und Schweden – verabredeten hingegen am 1. und 2. Juli im schlesischen Trachtenberg einen eigenen Kriegsplan, der zwar auch auf der Annahme beruhte, dass Österreich und seine Armee das bevorzugte Angriffsziel Napoleons sein würde, aber sie gingen von drei Armeen in Norddeutschland, in Schlesien und in Böhmen aus und sahen für alle drei ein offensives Vorgehen gegen die jeweilige Hauptmacht des Gegners vor. Entschiedener Verfechter einer solchen Offensivstrategie war der Generaladjutant des Zaren, Generalmajor Toll, der zeitweise sogar recht kühn und in völliger Unterschätzung der Stärke Napoleons von einem Angriff aller drei Armeen auf Napoleon mit dem Ziel der Vernichtung des Gegners schwadronierte. Bei dem Treffen in Reichenbach, an dem nun Österreich teilnahm, mussten die Verbündeten jedoch auf österreichische Wünsche und Pläne eingehen, die wiederum von Radetzky stammten, der nun aber nicht auf eine frühzeitige Entscheidungsschlacht drängte, sondern einen gleichzeitigen Vormarsch aller drei Armeen vorsah, aber eine entscheidende Schlacht vermeiden wollte, solange die drei Armeen nicht vereint wären.

Der Militärhistoriker Delbrück hat schon darauf hingewiesen, dass mit diesem Reichenbacher Operationsplan die Alliierten sich noch ganz im «Banne der militärischen Anschauungen des 18. Jahrhunderts befanden» und «im Gefühl der gewaltigen strategischen Überlegenheit Napoleons» den Gedanken einer raschen und mit allen Kräften herbeigeführten Entscheidung ablehnten. Indem sie sich auf eine Kriegführung beschränkten, so Delbrück weiter, die ganz im Sinne der klassischen Ermattungsstrategie mit «dilatorischen, kleinen Mitteln» auf Bedrohungen der Flanken und Operationen im Rücken des Gegners und auf Angriffe einzelner Korps beschränkt blieben, hätten sie trotz ihrer zahlenmäßigen Überlegenheit, die entschlossenes und rasches Vorgehen möglich gemacht hätte, unter Beweis gestellt, wie wenig sie von den «großen Lehren der napoleonischen Feldzüge» begriffen hatten.

Die Feldzüge des Jahres 1813 sollten die längsten, aufwändigsten und letztlich entscheidenden Schlachten der napoleonischen Kriege werden. Napoleon suchte verzweifelt, die Initiative wiederzugewinnen und den Schaden zu begrenzen, den er und seine Armee mit der Katastrophe des Russlandfeldzuges erlitten hatten. Obwohl er keinen Gedanken daran verschwendete, ging es dabei um sein politisches Überleben. Aus militärischer Sicht zerfällt das Jahr 1813, das Jahr der Befreiungskriege, in zwei Hälften: bestimmt durch den Frühjahrsfeldzug vom April bis zum Waffenstillstand im Juni und die Herbstfeldzüge vom August bis zu dem Höhepunkt der Kämpfe, der Völkerschlacht.

Anfang März hatte sich der preußische König Friedrich Wilhelm III. mit seinen Generälen Scharnhorst, Gneisenau und Blücher und den neuen russischen Verbündeten in Breslau getroffen, um den bevorstehenden Feldzug zu koordinieren. Nach Breslau kamen aber auch viele Freiwillige, die dem Aufruf des Königs und den Werbungen des Turnvaters Friedrich Ludwig Jahn gefolgt waren, um ein Freikorps aus freiwilligen Jägern zu bilden. Die preußische Armee von 1813 sollte sich durch den neuen Geist, den die Militärreformen geweckt hatte, von der des Jahres 1806 deutlich unterscheiden. Das alte Beharren auf einer unerbittlichen und starren Disziplin war durch eine aufgeklärtere Haltung verdrängt, die auch bürgerlichere Denkmuster und Verantwortungen ernst nahm. Auch war eine neue Führungsidee und -praxis entstanden. Die Vorbereitungen für einen Krieg waren in vollem Gange, nur war es noch nicht klar, was für ein Krieg es sein sollte: ein Volkskrieg für die Freiheit oder ein Kabinettskrieg der europäischen Monarchen um die Wiederherstellung ihrer Macht.

Auch Napoleon bereitete sich auf einen Krieg in Deutschland vor. Zunächst plante er im Frühjahr 1813, die Alliierten hinter die Elbe und Saale zurückzutreiben und das Gebiet zwischen Elbe und Oder zum Zentrum der kriegerischen Operationen zu machen. Er wollte dann die Russen und Preußen mit Schwerpunkt auf dem linken Flügel durch eine weitausholende, auf die untere Weichsel gerichtete Bewegung einkreisen. Die mit seinem Plan verbundenen Risiken sah er in der mangelnden zahlenmäßigen und qualitativen Ausstattung seiner Armee und in der Unsicherheit über das Verhalten der deutschen Verbündeten, vor allem der Sachsen und Bayern. Doch seine Pläne scheiterten bereits daran, dass seine Deckungsarmee an der Elbe die Vereinigung der Russen und Preußen nicht verhindern konnte und zurückweichen musste. Dennoch gelang es Napoleon im Frühjahrsfeldzug von 1813 noch einmal, die Initiative zurückzugewinnen. In der Schlacht bei Großgörschen (2. Mai) trieb er seine Gegner über die Elbe zurück, bei Bautzen (20./21. Mai) mussten die verbündeten Armeen den Rückzug antreten, um der Vernichtung zu entgehen. Doch waren diese Siege Napoleons mit hohen Opfern erkauft, und vor allem machten sich der schlechte Ausbildungsstand seiner Armee wie der Mangel an Führungsqualitäten bei seinen Heerführern bemerkbar. Darum musste Napoleon bei Bautzen schließlich seine geliebte und gehütete Garde einsetzen, und er konnte die Chancen, die sich mit den beiden Siegen boten, nicht ausnutzen, weil es ihm nicht gelang, den geschlagenen Gegner weiter zu verfolgen und in die Knie zu zwingen. Die offenkundigen Schwächen seiner Armee, aber auch die Hoffnung, durch Verhandlungen mit Österreich der Gefahr zu begegnen, dass sich eine übermächtige gegnerische Koalition gegen ihn bilden könnte, veranlassten Napoleon am 4. Juni 1813, den Gegner zu einem Waffenstillstand zu bewegen. Die Atempause kam auch den Verbündeten entgegen, die ihre Kräfte sammeln und weitere Koalitionsverhandlungen, vor allem mit Österreich führen konnten. Die preußischen Reformer, nicht zuletzt Gneisenau, sahen in dem Waffenstillstand einen großen Fehler, weil sie vor allem Napoleon misstrauten und eine politisch-taktische Finte witterten. Tatsächlich konnten Russland und Preußen die Zeit nutzen, um abschließend mit Österreich ein Bündnis zu schließen und die Operationspläne von Trachtenberg und Reichenbach aufeinander abzustimmen. Mit dem Beitritt Österreichs am 17. August, den Napoleon nicht verhindern konnte, wurde das bisherige zahlenmäßige

Abb. 1: A. Haun: Napoleon am Vorabend der Schlacht bei Leipzig

Übergewicht der napoleonischen Truppen mehr als ausgeglichen. Nun standen den 440 000 Soldaten Napoleons rund 490 000 Mann bei den Verbündeten gegenüber. Der zahlenmäßige Vorteil der Alliierten konnte einstweilen durch die nicht unwichtige Tatsache ausgeglichen werden, dass Napoleon auf der inneren Linie operieren konnte.

Mit seinen Hauptkräften, die von der Elbe in einem Keil weit nach Schlesien an den Bober reichten, war er stärker als jede der drei Armeen der Verbündeten, die gegen ihn vorrückten. Sie bestanden aus der Nordarmee unter dem schwedischen Kronprinzen, dem einstigen französischen Marschall Bernadotte, mit 127 000 Mann, gebildet aus Russen, Schweden und Preußen. Im Südosten stieß die Schlesische Armee unter Führung des preußischen Generals von Blücher vor; sie umfasste rund 104 000 Mann, bestehend aus Russen und Preußen. Im Süden stand die Hauptarmee der Verbündeten unter Generalfeldmarschall Fürst Schwarzenberg mit rund 256 000 Österreichern, Preußen und Russen, deren Zahl sich noch erhöhen sollte.

Nach Ablauf des Waffenstillstandes am 10. August begann die entscheidende Phase der Befreiungskämpfe gegen Napoleon. Der französische Kaiser konzentrierte seine Truppen um Dresden, weil er dort nicht nur die Unterstützung seines loyalen Verbündeten, des Königs von Sachsen, besaß, sondern weil er hoffte, von dort aus einen Schlag gegen die eine oder andere Armee der Alliierten führen zu können.

Diese hatten sich für eine konzentrische Strategie entschieden: Die schwedisch-preußische Nordarmee unter dem Kommando Bernadottes sollte, nachdem sie Berlin eingenommen hatte, von Brandenburg aus nach Süden vorrücken. Blücher befehligte die Schlesische Armee, östlich von Napoleon, während im Süden die Hauptarmee unter Schwarzenberg wartete. Die drei noch räumlich weit voneinander getrennten alliierten Armeen mussten versuchen, nach einem aufeinander abgestimmten Operationsplan gemeinsam zu agieren und sich aufeinander zuzubewegen. Das konnte nur dadurch geschehen, dass man vorerst vor der Hauptmacht Napoleons auswich und dann wieder koordiniert vorrückte, um schließlich gleichzeitig einen gemeinsamen Kampf führen zu können. Diese Taktik, die ein geschicktes Zurückweichen und eine elastische Anpassung und Ausnutzung neu entstandener Situationen verlangte, erforderte eine intensive Kommunikation untereinander und setzte vor allem eine große Selbständigkeit der einzelnen Heerführer voraus, da die Aktionen Napoleons nur bedingt vorhersehbar waren. Der hingegen versuchte, mit raschen Vorstößen seine Gegner möglichst einzeln zu bekämpfen und zu schlagen. Er musste jedoch gleich zu Anfang der Feldzüge Mitte August erfahren, dass alles anders kam als geplant, was ihn immer wieder zögern ließ und ihm Anlass zu häufigen Positionswechseln bot.

Zwischen August und Anfang September und dann im Laufe des Oktober kam es im Norden und Süden immer wieder zu neuen Gefechten, doch boten die Alliierten durch rasche Ausweich- und Rückzugsbewegungen ihrer Truppen Napoleon keine Chance, mit seiner Hauptarmee den von ihm geplanten vernichtenden Schlag gegen die alliierten Armeen zu führen. Diese griffen zunächst nur dort an, wo französische Truppen von Na-

Abb. 2: Porträts der Befehlshaber der verbündeten Armeen

poleons Unterführern kommandiert wurden. Denn diese verfügten, da sie nur gewohnt waren, Befehle zu empfangen, nicht über jene Eigenständigkeit, um auf sich selbst gestellt rasch zu operieren. Mit der Zersplitterung der Fronten und den unüberwindbaren technischen Problemen der Kommunikation wurde der Krieg zunehmend auch zu einem Krieg der Unterführer. Dabei erlitten die französischen Armeen immer wieder Niederlagen, die Napoleon zwangen, seine Haupttruppen ständig in Bewegung zu halten und von einem Ort zum anderen zu hetzen.

In den ersten drei Wochen des Herbstfeldzuges von 1813 wurde an drei Fronten gleichzeitig gekämpft, was die Gesamtlage einigermaßen unübersichtlich machte. Am 14. August begann der Feldzug, als Blücher polternd forderte: «Es wird Zeit, die diplomatische Posse zu beenden.» Er ließ seine Schlesische Armee gegen den rechten Flügel der französischen Armee vorrücken, die sich bei Bunzlau befand. Am 17. August erreichte Napoleon, von Dresden kommend, Bautzen, wo er erfahren musste, dass die russische Armee sich westwärts von Polen wegbewegte, um sich mit der Schlesischen Armee zu treffen. Napoleon änderte daraufhin seinen Plan und versuchte, Blüchers Armee zu schlagen, bevor diese sich mit den russischen Kontingenten vereinigen konnte. Doch wich Blücher, dem gemeinsamen Operationsplan folgend, einer Schlacht aus. In Görlitz angekommen, änderte *L'Empereur* wieder seine Stoßrichtung, um in die Flanke von Wittgensteins russischer Armee zu fallen, bevor er dann gegen Schwarzenberg zog, der unterdessen, mit seiner Hauptstreitmacht über das Erzgebirge kommend, in Sachsen einmarschierte. Napoleon sah nun Dresden bedroht und zog seine Truppen dorthin zusammen, nicht ohne drei Korps an der Katzbach gegen Blüchers Armee abzukommandieren.

In einer erbitterten Schlacht bei Dresden konnte Napoleon Schwarzenbergs Hauptarmee zwar besiegen, doch ohne dass er diese weiter hätte verfolgen und vernichtend schlagen können. Daran hinderte ihn der Erfolg der Schlesischen Armee Blüchers, der die von Napoleon zurückgelassenen Korps an der Katzbach hatte überwinden können. Kurz zuvor war es General von Bülow mit seinem der schwedischen Armee unter Bernadotte angehörenden Korps gelungen, die französische Nebenarmee unter Marschall Nicolas Oudinot bei Großbeeren, südlich von Berlin, zu schlagen und damit den französischen Armeen den Zugriff auf die preußische Hauptstadt zu verwehren. Nun drohte Napoleons Nordflanke Gefahr, weil er doch durch einen Angriff auf

Berlin die dort operierende Nordarmee der Alliierten von einem weiteren Vorrücken hatte abhalten wollen. Nach der Niederlage Oudinots am 23. August wurde auch General Girard am 27. August bei Hagelberg geschlagen. Während Napoleon bei Dresden am 27. August noch einmal mit einem großen militärischen Erfolg die Niederlage seiner Unterführer wettmachen konnte, scheiterte der französische Flankenangriff auf die alliierte Hauptarmee am 30. August bei Nollendorf und Kulm. Schwarzenberg war es gelungen, seine Truppen in den Rücken der Franzosen zu führen und diese fast vollständig aufzureiben.

Napoleon änderte daraufhin seinen Plan und wandte sich gegen Blücher, dessen Schlesische Armee durch Sachsen vorrückte, und gleichzeitig gegen die Nordarmee Bernadottes, die Marschall Ney angreifen sollte. Blücher entzog sich abermals einem Gefecht, dafür konnte General von Bülow am 6. September mit seinen preußischen Truppen bei Dennewitz einen Vorstoß französischer Truppen unter Marschall Ney abwehren. Ney zog sich mit den Resten seiner Armee bei Wittenberg auf das westliche Elbufer zurück, was in Napoleon die eitle Hoffnung weckte, doch noch die Elblinie halten zu können. Diese war für seine Strategie von großer Bedeutung: «Worauf es mir ankommt», erläuterte er seinem Stiefsohn Eugène de Beauharnais, «ist, dass man uns nicht der Verbindung mit Dresden beraubt – ob man uns von Frankreich abschneidet, ist mir gleichgültig ... Es ist einleuchtend, dass man nicht 400 000 Mann umgeht, die sich auf eine Festungsgruppe und einen Strom wie die Elbe stützen und die je nach Wahl bei Dresden, Torgau, Wittenberg oder Magdeburg den Uferwechsel vollziehen können. Alle feindlichen Truppen, die sich auf weit ausgreifende Umgehungsmanöver einlassen, werden bei der Entscheidungsschlacht fehlen.»

Doch musste Ney bald melden, dass er nicht mehr in der Lage war, einen Elbübergang der Nordarmee zu verhindern. Auch gegen Blücher konnte der französische Kaiser nichts mehr ausrichten, da dieser inzwischen General Macdonald, den Verlierer an der Katzbach, nach Westen zurückgedrängt hatte. Auch mit einem Angriff der alliierten Hauptarmee aus dem Erzgebirge war jederzeit zu rechnen. Napoleon befand sich also in der Defensive und besaß kaum noch eine Gelegenheit zum großen Schlag. Er befand sich nach der treffenden Charakterisierung des britischen Militärhistorikers Chandler in der Situation eines «Stiers in der Arena», der hin und her gehetzt wurde und «dessen ständig marschierenden Truppen vor Müdigkeit fast umfielen». Alles hing nun davon ab, wie die Verbündeten die Lage ausnutzen würden, in die sie Napoleon mit ihren Operationen gebracht hatten. Eine bloße Fortsetzung der Ermattungsstrategie allein würde jedenfalls keine Entscheidung bringen.

Zu Beginn der ersten Septemberwoche fand die Verfolgung ihr Ende. Vorerst schien der Kampfeswille erlahmt. Vor allem die Hauptarmee Schwarzenbergs verhielt sich abwartend, und der geplante Vorstoß nach Sachsen blieb aus. Bei den preußischen Reformern und Patrioten keimte neues Misstrauen, schienen doch die dynastischen Interessen der Habsburger wichtiger zu sein als die gemeinsamen Kriegsziele. «Wenn man jetzt nichts tun kann, wann meint man denn etwas zu tun?», klagte Clausewitz. Auch Gneisenau zeigte sich enttäuscht. In einem Brief an Clausewitz vom 26. September schrieb er. «Bei der großen Armee nämlich entwirft man stets neue Pläne und kommt nie zur Ausführung, und nach zwei Siegen treibt sich der Kronprinz von Schweden zwischen der Nuthe und der Elbe herum. Wir also sollen die Szene eröffnen und die Hauptrolle übernehmen, da die anderen es nicht wollen.» Das Hauptquartier der Schlesischen Armee ergriff die Initiative, nachdem Schwarzenberg diese zum Schutze Böhmens nach Süden abziehen wollte. Deren Oberkommando bestand jedoch darauf, von Bautzen aus in Richtung Elbe zu marschieren, um diese zu überschreiten und den Franzosen in den Rücken zu fallen. «Wir gehen nun nach Sachsen, um dort einen neuen Feldzug gegen die französische Armee zu beginnen», hatte Gneisenau schon in einem Brief vom 30. August geschrieben. Die Realisierung dieses Vorhabens hätte auch den Vorzug besessen, den zurückhaltenden schwedischen Kronprinzen Bernadotte auf Trab zu bringen. Es gelang der Schlesischen Armee tatsächlich, im Norden die französischen Stellungen zu umgehen. Am 3. Oktober konnte Yorck, der ein Korps dieser Armee führte, nach erbittertem Kampf bei

Wartenburg die Elbe überschreiten. Blücher erkannte die mittelfristigen Folgen dieser Operation: «Die Trophäen sind bei weitem nicht so bedeutend wie an der Katzbach, aber die Folgen des Sieges müssen groß sein, denn nun geht alles über die Elbe und die Große Armee kann aus Böhmen vordringen... Der große Mann [gemeint ist Napoleon, d. Vf.] soll in Leipzig sein, und ich werde ihm in einigen Tagen aufwarten.»

Anfang Oktober hatte die zweite Phase des Herbstfeldzuges begonnen. Wollte Napoleon Mitteldeutschland nicht völlig verlieren, dann musste er darauf warten, dass die Verbündeten in Sachsen einmarschierten und dabei Fehler machten, aus denen er seinen Nutzen ziehen konnte. Die Initiative lag jedenfalls bei den Verbündeten, die allerdings Zeit benötigten, um ihre Truppen einschließlich der Reserven heranzuführen. Schwarzenbergs Vorhut brach am 27. September aus Böhmen in Richtung Norden auf. Auch Blüchers Armee rückte am 29. September nach Norden vor, um sich mit Bernadotte zusammenzuschließen. Dessen Armee setzte nun über die Elbe und schloss sich rechts an die Schlesische Armee an. Zusammen stießen beide nach Süden gegen die französische linke Flanke vor. Damit engte sich der Operationsraum Napoleons weiter ein. Dieser hatte jedoch noch immer die Hoffnung, die beiden Angriffsgruppen der Gegner getrennt schlagen zu können. Denn die Südgruppe hatte unter Schwarzenberg bei Annaberg gerade erst das Erzgebirge hinter sich gelassen und kam nur langsam voran. Napoleon wollte darum mit 140 000 Mann zunächst Blücher bei Wittenberg angreifen, während Murat mit etwa 45 000 Soldaten Schwarzenberg noch abschirmen sollte. Erst dann wollte Napoleon gegen Schwarzenberg antreten.

Der Plan ging nicht auf, da Blücher dem Angriff Napoleons auswich und in einem kühnen Schwenk nach Westen hinter die Saale zurückwich. Damit befand sich die Schlesische Armee nun südlich der Nordarmee, und beide Armeen mit zusammen etwa 155 000 Mann standen an der linken Flanke der französischen Angriffsgruppe, die Dessau und Wittenberg erreicht hatte. Der Feind stand damit bei Halle in Napoleons Rücken, und dessen Schlag gegen Blücher war offenbar ins Leere gegangen. Auch

Murat gelang es nicht, Schwarzenberg aufzuhalten, und wurde von diesem bis in die Gegend von Leipzig zurückgedrängt. Nachdem am 12. Oktober die Schlesische Armee bei Merseburg Verbindung mit der Hauptarmee gefunden hatte, war Napoleons Plan, die feindlichen Armeen einzeln zu schlagen, endgültig gescheitert. Napoleon war mit seiner Armee fast schon eingeschlossen. Es bedurfte nur einiger Tagesmärsche, um die verbündeten Armeen zusammenzuführen und gegen den Gegner ziehen zu lassen. Auch die zahlenmäßige Überlegenheit der alliierten Verbände war zu diesem Zeitpunkt bereits erdrückend. Im ersten Monat des neuen Feldzuges hatte Napoleon 100 000 Mann und über 200 Geschütze verloren. Die Verbündeten hatten höchstens 85 000 Soldaten eingebüßt, die sie durch nachrückende Reserven wieder auffüllen konnten. Vor allem verstärkten die Russen ihre Armeen. Allein die Polnische Armee von Bennigsen führte mit 60 000 Mann frische Kräfte heran.

Auch wenn Napoleon kurz vor dem Beginn der großen Schlacht noch Schwierigkeiten hatte, die Bewegungen der Verbündeten zu durchschauen, war ihm doch bewusst, wie dramatisch sich seine Lage verschlechtert hatte. Im Dübener Schloss, wo er zwischen dem 10. und 14. Oktober sein Hauptquartier aufgeschlagen hatte, wartete er auf die Nachrichten seiner Truppenteile. Die Tage in Düben nannte er noch im Rückblick trostlose Tage, da ihm nun deutlich wurde, dass seine imperialen Herrschaftspläne endgültig zu scheitern drohten. Nun blieb ihm nur noch der Vormarsch mit allen Kräften auf Leipzig, wo er seine Hauptstreitmacht – etwa 200 000 Mann – in der Ebene versammeln wollte. Noch einmal zeigte er seine operativen Talente und Erfahrungen. Er beorderte sofort alle Truppen, die rechts der Mulde standen, zum Übergang über den Fluss und zur Vereinigung bei Leipzig, auch wenn das von seinen Soldaten erneut ungeheure Marschleistungen erforderte. Als großer Fehler sollte sich freilich seine Entscheidung erweisen, das Korps von Saint-Cyr nicht auch abzuziehen, sondern zur Verteidigung in Dresden zu belassen. Dafür traf Napoleon noch eine operative Maßnahme, die seine ganze Kriegskunst verriet. Er ließ die Infanterie, die er sonst zu Stoßangriffen in Kolonnen tief gestaffelt hatte, zu weniger tiefen Feuerreihen umformen, um sie dadurch räumlich zu verbreitern. So konnte der Eindruck erweckt werden, dass die Front der Bataillone wesentlich breiter geworden sei.

Für die Bevölkerung Leipzigs und der Dörfer der Umgebung waren die Nachrichten besorgniserregend und die Lage unüberschaubar. Überall sah man in der näheren Umgebung Soldaten der einen oder anderen Kriegspartei. Gerüchte über Gefechte machten die Runde. «Es ist ein dumpfes Treiben und Wogen, ein Zusammenlaufen und Ängsten auf den Straßen und allen geräumigen Plätzen, ein unbestimmtes Hoffen, Fürchten, Klagen und Drohen», beschrieb der Leipziger Schriftsteller und Musiklehrer Friedrich Rochlitz die Wahrnehmungen der Leipziger Tage vor der Schlacht. Bis zum 12. Oktober war noch nicht absehbar, dass die Stadt im Brennpunkt des gewaltigen militärischen Geschehens stehen würde. Wohl aber deuteten die Einquartierungen von französischen Offizieren in Bürgerhäusern, die Unterbringungen von Soldaten, die jedoch überwiegend auf den Straßen lagerten, und die mitgeführten Kriegsgefangenen darauf hin, dass die Stadt immer näher mit dem Kriegsgeschehen in Berührung kam, dass die Grenzen zum Schlachtfeld bzw. die Übergangszonen zwischen Krieg und Nichtkrieg fließend waren. Besonders beängstigend war der massenhafte Anblick der Gefangenen und Verwundeten, die seit September in die Stadt gebracht wurden. Sie waren sichtbare Zeugen des Kriegselends und dessen, was der Stadt möglicherweise noch bevorstand. Der Leipziger Totengräber Johann Daniel Ahlemann musste miterleben, wie die Kirche und der Gottesacker von St. Johannis zunächst in ein Lazarett und dann zusätzlich noch in ein Gefangenenlager verwandelt wurde: «Der Krieg ... zog sich nach und nach immer näher an unsere Stadt heran. Für die vielen kranken und verwundeten Krieger wurden Lazarethe (sic) eingerichtet, wozu auch die Johannis-Kirche, kaum wiederhergestellt, zum zweiten Mal verwendet wurde ... Bald darauf wurden auch die von den Franzosen gemachten Gefangenen, viele Tausende an der Zahl, in den Gottesacker eingesperrt. Ich wurde, als Todtengräber, streng beauftragt, alle Schwibbögen zu öffnen, damit die Gefangenen darin ein Obdach fänden. Der ganze Begräbnisplatz wimmelte von Russen, Österreichern und Preußen; da diese jedoch Essen und Holz zur Feuerung erhielten, dieselben auch bewacht wurden, so konnte von diesen ein großer Unfug nicht verübt werden. Doch brannten in jedem Schwibbogen mehrere Wachtfeuer und es wurde bei den Leichen gekocht und gebraten.» Leipzig wurde schon Tage vor der Schlacht und erst recht während der Kämpfe vor und in der Stadt «zur Hilfsquelle für das große französische Heer», wie ein anderer Chronist, Ludwig Hußell, berichtet. Man benutzte die Stadt «ohne alle Schonung. Zahllose Spitäler machten es zu einem großen Siechenhaus, viele Tausende von Soldaten, die in die Bürgerhäuser gepfropft wurden, zu einer unermeßlichen Hauptwache, und Requisitionen von Fleisch, Brot, Reis und Branntwein und dergleichen zu einem allgemeinen Armenhause, worin die bedürftigen Bewohner in Gefahr waren zu verhungern.» Kein Wunder, dass die Zahl derer, die noch Napoleon bewunderten, ständig schrumpfte und umgekehrt der Hass zunahm. Noch dramatischer war die Lage der Dorfbevölkerung rings um Leipzig, die nicht durch Stadttore geschützt waren und in ihrer Furcht vor marodierenden und plündernden Truppen sich nach altem Brauch in die nahen Wälder flüchteten. «In meinem geliebten Connewitz», beschrieb Rochlitz die Lage Anfang Oktober, «ist schon seit Wochen kein Haferkorn, kein Strohhalm mehr; und so fast in allen umliegenden Dörfern; schließen uns die Verbündeten enger ein, so dass die entfernteren Zufuhren aufhören, dann Gnade uns Gott.»

5. Die Entscheidung von Leipzig: 14.–19. Oktober

Bereits der Anmarsch war mit schweren Kämpfen einhergegangen und hatte die Schwierigkeiten einer gemeinsamen Operationsplanung deutlich gemacht, die sich aus den Bedingungen eines Koalitionskrieges und der getrennten Aufmarschzonen ergaben. Das sollte sich bei den viertägigen Kampfhandlungen fortsetzen, die zur Entscheidung von Leipzig führten. Zwar war die «Völkerschlacht» in der Planung und im Ausgang wie im Ergebnis der Kampfhandlungen eine einheitliche Schlacht, aber sie zerfiel in eine Reihe von Einzelgefechten, die ihr Eigengewicht besaßen und anfangs auch zu unterschiedlichen täglichen Zwischenergebnissen führten. Das war nicht allein den Koordinationsproblemen der alliierten Planung und Kriegführung geschuldet, sondern wurde durch die geographische Beschaffenheit des Geländes um Leipzig noch verstärkt.

Das Schlachtfeld von Leipzig bestand aus vier Sektoren, naturräumlich getrennt durch jene vier Flüsse – Elster, Pleiße, Luppe und Parthe –, die durch die Umgebung von Leipzig fließen. Zwischen den Tälern erstrecken sich sanft ansteigende Höhenzüge. Entlang der Flussläufe von Elster und Pleiße waren kilometerlange Auenzonen entstanden, die von zahlreichen Flussarmen, Gräben, Dämmen und sumpfigen Wiesen durchzogen wurden; dazwischen lagen Waldungen. Die kleinen Flüsse, Bäche und Sümpfe im Überschwemmungsgebiet südlich von Leipzig machten militärische Operationen außerordentlich schwierig und trugen dazu bei, dass dort nur kleinere Verbände agieren konnten. Dieses Terrain bot Vorteile allenfalls für die Verteidiger, wie das Gelände insgesamt für die Absichten Napoleons günstig war. Im Oktober 1813 hatten tagelange Regenfälle das Geläuf noch unzugänglicher gemacht und den Vormarsch von Taucha nach Leipzig erschwert.

Abb. 3: Karte der Völkerschlacht

Im ersten Sektor, im Westen, zwischen Elster und Luppe, war das Land relativ eben, während es auf Weißenfels und Markranstadt zu immer hügeliger wurde. Nördlich der Stadt, wo Blüchers und Bernadottes Truppen standen, zwischen Parthe und Elster – dem zweiten Sektor –, lag offenes und weitgehend ebenes Land, durchzogen von einigen Straßen, die nach Halle, Dubern und Eilenburg führten. Dort trennte die Parthe, die von Ost nach West fließt, die Armeen der Verbündeten und Napoleons. Die Dörfer Möckern, Eutritzsch und Schönefeld, die in dieser Gegend lagen, sollten Schauplatz schwerer Kämpfe werden. Die Kampfzone zog sich bis zur Umgebung des Halleschen Tores im Norden von Leipzig, wo die Parthe in die Elster mündet.

Im Süden der Stadt, dem dritten Sektor, lag eine Hügelkette, die sich über mehr als fünf Kilometer von der Pleiße bis nach Liebertwolkwitz erstreckte. Von dem Höhenrücken bei Liebertwolkwitz konnte man die gesamte Gegend nach Süden und Osten hervorragend überblicken, was Napoleon für sich zu nutzen wusste.

Der vierte Sektor, im Osten, lag zwischen Parthe und oberer Pleiße. Auch er ist von einigen Hügelketten durchzogen. Am ersten Tag der Schlacht fanden ausschließlich in diesem und dem anschließenden südlichen Sektor zwischen Markkleeberg an der Pleiße über Liebertwolkwitz bis zum Dorf Seifertshain große und entscheidende Kämpfe statt.

Die Stadt Leipzig selber war von einer alten Mauer in schlechtem baulichen Zustand umgeben und bot allenfalls an den Stadttoren, die in einem leidlich guten Zustand waren, Schutz vor Angreifern. Zudem hatten die Franzosen in letzter Minute versucht, einige der Vororte einigermaßen zu befestigen.

Trotz des beachtlichen Erfolges der Alliierten beim Vorrücken auf Leipzig, im Zuge dessen sie große taktische Flexibilität bewiesen hatten, war man sich auch vor Leipzig noch nicht einig, wie man den entscheidenden Stoß gegen Napoleon führen sollte. Zwar hatte man sich bereits im Sommer darauf geeinigt, dass alle Kräfte «auf das feindliche Lager zu vereinigen», also alle Truppen wirkungsvoll zu einem Schlag gegen Napoleon zu bündeln seien; doch darunter verstand man bei den einzelnen Armeen und ihren Heerführern bzw. Monarchen nach wie vor ganz Unterschiedliches. Bei der Hauptarmee Schwarzenbergs wollte man zu diesem Zweck durch einen Halbkreis, den man im Rücken des Gegners durch die Vereinigung mit der Nordgruppe zu bilden gedachte, die napoleonische Armee gewaltsam von ihren rückwärtigen Verbindungen nach Westen abschneiden, um dann nach und nach einen Ring der Angreifer zu bilden. Der grundsätzlich defensive Charakter dieses Planes setzte fort, was man bereits im Frühjahr im österreichischen Generalstab als Kriegsplan entwickelt hatte und was ganz der Kriegskunst des 18. Jahrhunderts verpflichtet war. Es war wiederum der russische General Troll, der diesen Plan verwarf und seinen

Zaren dazu brachte, stattdessen den allgemeinen Angriff auf die französische Stellung bei Leipzig zu befehlen. Der neue Plan, der nun tatsächlich eine allgemeine Angriffsbewegung in Richtung Leipzig vorsah, hatte für die Hauptarmee den Nachteil, dass sich die Angreifer nicht nur mit den ohnehin schwierigen naturräumlichen Bedingungen konfrontiert sahen, sondern dass zudem die vom Regen durchweichten Wege und Gräben besonders ungünstige Bedingungen für eine größere Operation boten. Dennoch sollten dort für vier Tage die bis dahin größten Heeresmassen aufeinanderstoßen, die je in einer Feldschlacht einander gegenübergetreten waren, und die Verbände sich erbitterte Einzelgefechte liefern.

Die Unübersichtlichkeit des Geländes und der Kämpfe, aber auch die Eigenständigkeit der Armeen der Verbündeten, die Auflösung der Kampfhandlungen in räumlich begrenzte Einzelgefechte sowie die verschiedenen Truppenverschiebungen während der Kämpfe lassen keine aufeinanderfolgende oder gar kausale Handlungskette erkennen. Es ist darum ratsam, den Verlauf der Völkerschlacht in die einzelnen Tagesverläufe einzuteilen und in dieser Reihung zu erzählen. Auch über die tatsächliche Dauer der Schlacht gibt es unterschiedliche Annahmen. Nach den klassischen Erzählungen dauerte die Völkerschlacht vier Tage, vom 16. bis zum 19. Oktober. Hinzu kam – gewissermaßen als Prolog – ein großes Reitergefecht bei Liebertwolkwitz am 14. Oktober, dessen Auslöser ursprünglich nur eine Erkundungsaktion der Alliierten war.

In der Wahrnehmung der Bürger Leipzigs und der umliegenden Dörfer bedrohte der Krieg jedoch, worauf Jan Lorenz verweist, ihr Leben und ihr Eigentum schon Wochen zuvor, und diese Ausnahmesituation endete für sie auch nicht mit dem 19. Oktober.

Für die Hunderttausende von Soldaten war der napoleonische Krieg eine Dauererscheinung, die nur von vorübergehenden Kampfpausen unterbrochen wurde. Das zeigt die lange und bis zur völligen Erschöpfung führende Geschichte der Frühjahrs- und Herbstkämpfe von 1813, die der Völkerschlacht vorausgingen. Diese Kontinuität von Gefechten sollte auch mit und nach der Schlacht bei Leipzig noch kein Ende finden. Der Anblick der durchziehenden und kämpfenden Soldaten mit ihren verdreckten, notdürftig geflickten oder zusammengeraubten, meist übel riechenden Uniformen, aus denen die Männer während der wochenlangen Märsche und Kämpfe nicht herauskamen, die hohe Zahl von Erkrankungen aller Art, mit denen sie sich herumschleppten, vermittelten den Leipzigern und den Dorfbewohnern um die Stadt ein ebenso anschauliches wie abstoßendes Bild von den Schrecken des Krieges, seinem Alltag und den unklaren Übergängen zwischen Krieg und Frieden.

Der Prolog

Die geringen und wenig gesicherten Kenntnisse, die man seinerzeit über Standorte und Bewegungen der gegnerischen Armeen hatte, kennzeichneten auch die Operationspläne, die man in Schwarzenbergs Hauptquartier aufstellte. Darum wurden ein russisches Armeekorps unter Wittgenstein und das preußische Armeekorps Kleist beauftragt, Stärke und Stellungen des Gegners sowie dessen mögliche Verteidigungslinien südlich von Leipzig zu erkunden. Das war der Anlass der Erkundungsritte am 14. Oktober, die sich zu dem zuvor erwähnten großen Kavalleriegefecht bei Liebertwolkwitz ausweiteten: 7300 Reiter der Verbündeten kämpften schließlich gegen 8500 französische und polnische Kavalleristen. Schließlich wurden von beiden Seiten immer mehr Truppen in die Kampfhandlungen zwischen Liebertwolkwitz und Güldengossa geschickt, bis sich ihre Zahl auf rund 40 000 Mann summierte, denn schließlich wurden von beiden Seiten auch Artillerie und Infanterie eingesetzt. Die Franzosen hatten die höchste Erhebung der Hügellandschaft, den Galgenberg, zu einem Beobachtungspunkt und zu einer Artilleriestellung ausgebaut und dahinter ihre Kavallerie versammelt. Als diese unter Führung der Dragoner, die sich schon im Spanienkrieg ausgezeichnet hatten, völlig überraschend von dort einen Angriff unternahmen, bedurfte es erst des Einsatzes der preußischen und österreichischen Kavallerie, um sie nach erbitterten Kämpfen bis über den Galgenberg zurückzuwerfen. Der preußische Freiherr Hermann von Gaffron-Kunern berichtete von den Reiterkämpfen der preußischen Kürassiere: «Der Anblick der feindlichen Reiterei hatte das Regiment in höchste Begeisterung versetzt, es war heute der Jahrestag von Jena, die Scharte musste ausgewetzt werden. Es war die erste Attacke auf Kavallerie in diesem Feldzuge, die längst so sehnlich herbeigewünscht worden war.» Dass preußische Kavallerie die spanischen Dragoner zurücktreiben konnte, stärkte das eigene Selbstbewusstsein. Immerhin hatte man den besten Reitertruppen Napoleons standgehalten.

Das ständige Vor und Zurück der Attacken, der Wechsel von kurzen Erfolgen und Rückschlägen waren charakteristisch für den Gefechtsverlauf; einige Dörfer und Höfe wurden mehrfach erobert und gingen wieder verloren. Am Ende des Tages blieben die Kämpfe unentschieden, doch gingen sie mit hohen Verlusten auf beiden Seiten einher. Dagegen nahm sich die eigentliche Erkenntnis des Erkundungsrittes eher bescheiden aus. Die Verbündeten wussten nun, dass es sich bei den gegnerischen Kräften nicht um die Hauptarmee handelte und dass die Entscheidungsschlacht bei Leipzig zu erwarten sei. Dort war inzwischen Napoleon in Begleitung einiger Bataillone und Schwadrone von Gardereitern eingetroffen, um die Truppenbewegungen zu koordinieren und sich mit seinem Schwager, Marschall Joachim Murat, zu beraten. Die Kampfstellungen waren noch nicht erreicht. Allein durch Leipzig wälzten sich bis tief in die Nacht endlose Züge von Soldaten und Fahrzeugen. Nun wusste jedermann in Leipzig, dass eine große Schlacht unmittelbar bevorstand.

Die Atempause

Der folgende Tag, der 15. Oktober, war von weiteren Truppenbewegungen um Leipzig bestimmt. Napoleon wollte am folgenden Tag, dem 16. Oktober, bereits am frühen Vormittag mit geballter Kraft die von Süden anrückende Hauptarmee südlich der Stadt angreifen, um eine frühe Entscheidung zu erzwingen. Er beabsichtigte, den rechten Flügel des Gegners zu umgehen, um die zentrale Front der Alliierten zu zerschlagen. Mit diesem raschen Angriff hoffte er, die Hauptarmee der Verbündeten vernichten zu können, noch bevor die anderen Armeen diesen zu Hilfe eilen konnten. Darum konzentrierte er die Masse seiner Truppen zwischen Pleiße und Parthe im Südosten auf der Linie Liebertwolkwitz, Wachau und Markkleeberg. Im Norden sollten 43 000 Mann unter Ney und im Westen das Korps Bertrand mit weiteren 10 000 Soldaten eingesetzt werden, während Marschall Marmont die Sicherung gegen die Schlesische Armee Blüchers zu übernehmen hatte. Jene vermutete Napoleon aber zu diesem Zeitpunkt noch weit südwestlich von Leipzig bei Weißenfels, während sie tatsächlich bereits bei Halle stand. Wenn sich die Lage günstig entwickeln würde, könnte Marmont, so die Vorstellung Napoleons, sogar noch zur Verstärkung der Hauptarmee nach Süden vorstoßen. Denn tatsächlich verfügten die Alliierten am 16. Oktober noch längst nicht über alle Kräfte, die sie bei Leipzig zu konzentrieren hofften. Schwarzenbergs Armeen zählten 206 000 Mann, die Truppen Napoleons hingegen 191 000. Auch bei der Zahl der zur Verfügung stehenden Geschütze waren die Truppen der Verbündeten mit 918 gegen 690 im Vorteil. Die Alliierten ihrerseits wollten hingegen im Süden, Westen und Norden Napoleons Truppen in die Zange nehmen und ihn auf diese Weise besiegen. Ihre Angriffsstellungen waren weit auseinandergezogen und das sumpfige Gelände im Westen hätte eine Verbindung der Truppen miteinander unmöglich gemacht. Die russischen Truppen wurden darum auf das rechte Pleißeufer beordert.

Der 16. Oktober

Beide Seiten suchten die Entscheidung, doch im Kern entwickelten sich zwei voneinander unabhängige und räumlich getrennte Schlachten: im Süden mit dem Zentrum um Wachau, im Norden bei dem Dorf Möckern.

Leipzig blieb an diesem Tag vom unmittelbaren Kampfgeschehen noch ausgenommen. Zunächst gelang es den Alliierten, die Initiative an sich zu reißen, da sie Napoleons Angriffen zuvorkamen; doch dann konnten die Franzosen an fast allen Abschnitten der zerfaserten und unübersichtlichen Front die Offensive wieder zurückgewinnen. Am Ende des Tages kehrten die Armeen, ohne endgültige Erfolge erzielt zu haben – auch wenn, wie sich noch zeigen sollte, Blücher eine für den weiteren Gang der Ereignisse vorentscheidende Schlacht siegreich ausgefochten hatte –, in ihre Stellungen zurück, die sie bereits am Morgen besetzt hatten.

Die wichtigste Schlacht des 16. Oktobers hatte an der Südfront stattgefunden. Dort standen die Aussichten für einen Erfolg Napoleons zunächst nicht schlecht. Man besaß zahlenmäßig ein deutliches Übergewicht, und die Angriffskolonnen der Preußen, Russen und Österreicher waren auseinandergerissen und bunt zusammengewürfelt. Am Mittag waren deren Angriffsversuche endgültig im Abwehrfeuer des französischen 8. Korps steckengeblieben, und Napoleon erkannte, nachdem die Verbündeten unter dem Eindruck der drohenden Gefahr ihre Truppen umgruppierten, die Chance zum Generalangriff. Doch er zögerte die Entscheidung hinaus, weil ihm die nötigen Reserven fehlten und er auf die Truppen Neys wartete. Die waren zur Verstärkung der Nordfront abkommandiert; nun wurden sie eilig herbeibefohlen. Erst am frühen Nachmittag gab der französische Kaiser das Signal zur allgemeinen Offensive. Ein Reiterangriff sollte den Durchbruch bringen, doch musste die Kavallerie nach einigen Stunden aufgeben und umkehren, nachdem sie auf heftige russisch-preußische Gegenwehr gestoßen war. Inzwischen hatte Napoleon bereits in Leipzig die Siegesglocken läuten lassen. Das war, wie sich im Laufe des Tages noch zeigen sollte, nicht einfach nur voreilig, sondern sollte vor allem verbergen, dass die taktischen Erfolge dieses Tages tatsächlich gering waren. Ein wirklicher Erfolg wäre erzielt worden, wenn Napoleon sein Tagesziel erreicht hätte, und das wäre einzig die Zerschlagung der Hauptarmee der Verbündeten gewesen, denn damit hätte er die Alliierten insgesamt zum Rückzug gezwungen. Dazu aber hatten ihm die Reserven gefehlt – maßgeblich deshalb, weil die für eine Verstärkung notwendigen französischen Truppen durch Blüchers Angriff bei Möckern im Norden gebunden worden waren.

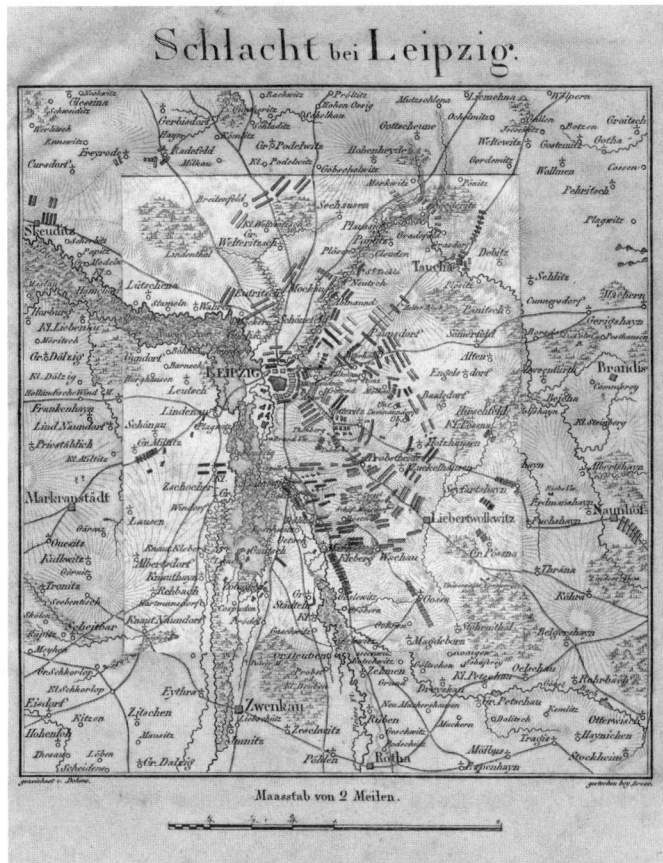

Abb. 4: Karte der Völkerschlacht, 16. Oktober

Boten allein schon die Kämpfe im Süden – vom verfrühten Glockenläuten bis zur Abwehr der napoleonischen Angriffe durch die Alliierten am Nachmittag des 16.10. – ein widersprüchliches und unübersichtliches Bild, so wurde der Gesamteindruck durch die heftigen Kämpfe bei Möckern noch diffuser und die Tagesbilanz der Kämpfe noch blutiger. Napoleon war

Abb. 5: Nach R. Knötel: Tod von Major von Krosigk bei Möckern, 16. Oktober

sich nicht sicher, wann und wo der Angriff der Schlesischen Armee zu erwarten war; ebenso wenig wusste Blücher, wo Napoleon sich aufhielt. Da für die notwendigen Erkundungen Truppen abgestellt werden mussten und Blücher zudem am Morgen des 16. Oktober von Bernadotte erfahren hatte, dass dieser wegen des unklaren Standortes von Napoleon erst am folgenden Tag mit seiner Nordarmee zur Schlesischen Armee stoßen werde, eröffnete Blücher mit nur zwei Korps den Kampf gegen Marmonts 6. französisches Korps. Es kennzeichnet die Unübersichtlichkeit der Situation, dass dieser Angriff eröffnet wurde, als sich Marmont schon auf dem Weg von Möckern zur Südfront befand, wohin ihn Napoleon beordert hatte. Zwar wurden die Franzosen auf ihre Hauptstellung in Möckern zurückgetrieben, doch verteidigten sie dort ihre Stellungen in dem Dorf umso standhafter und erbitterter. Man kämpfte um jedes Haus, und die Schlacht wogte hin und her. Schließlich brachte ein Angriff der Kavallerie des Yorckschen Korps die Entscheidung. Ein preußischer Artillerist beschrieb eine der Reiterattacken: «Es war ein wildes Getobe, Kanonengebrüll, Flintensalven, Trommelwirbel, Trompetenschmettern, Gestampfe von Rossehufen, untermischt mit allen möglichen Kommandoworten – leider aber auch häufigen Schmerzausrufungen von vielen Hunderten von Verwundeten, die hilflos am Boden lagen und nun von Pferden der anrasselnden Reitermassen schonungslos zermalmt wurden.»

Die Schlacht bei Möckern stellte den einzigen Erfolg der Verbündeten an diesem Tag dar. Der siegreiche Ausgang, der fast ausschließlich dem Einsatz der preußischen Truppen zu verdanken war, brachte eine wichtige Vorentscheidung der gesamten Völkerschlacht. Denn in Möckern wurden starke französische Kräfte gebunden, die Napoleon an der Südfront für seinen Durchbruchversuch fehlten. Ein Sieg Napoleons war damit verhindert worden, und die heranrückenden alliierten Reserven hatten es nun in der Hand, die Schlacht zu entscheiden. Doch hatten die Verbündeten für diesen ersten Erfolg einen hohen Preis gezahlt: Ein Zeitgenosse nannte den 16. Oktober darum den «schrecklichsten Tag». General Yorck schrieb lapidar: «Das Gefecht wurde mörderisch.» Von einst 45 preußischen Bataillonen blieben am Tag danach nur noch 21 übrig, allein die 16 000 Mann starke Infanterie war auf 9000 Mann zusammengeschrumpft.

Der 17. Oktober

In der Nacht zum 17. Oktober erhielt Napoleon schlechte Nachrichten von vielen seiner Einheiten. Die Zahl der Verwundeten und Gefallenen war dramatisch. Ney meldete aus seinem Standort den Verlust von 50 Prozent seiner Soldaten und 30 verlorene Geschütze. Er befürchtete, am folgenden Tag von überlegenen Kräften angegriffen zu werden und sich dann weiter bis Liebertwolkwitz zurückziehen zu müssen. Von Marmont kam nach Mitternacht die Meldung, dass er sich erst am Morgen werde ein genaueres Bild machen können, nachdem er seine ihm noch verbliebenen Truppen reorganisiert habe. Nicht nur Geschütze waren in großer Zahl zerstört worden, überall fehlte es an Munition.

Da bereits ahnte Napoleon, dass die Schlacht verloren war. Noch in der Nacht schickte er einen Boten – den kriegsgefangenen österreichischen General Merveldt – in das Hauptquartier der Verbündeten mit dem Angebot, über einen Waffenstillstand zu verhandeln. Das wurde von Schwarzenberg erwartungsgemäß abgelehnt. Denn auch dort war nicht verborgen geblieben, dass der als Kriegsgenie bewunderte französische Kaiser inzwischen ein Gutteil seines Nimbus der Unbesiegbarkeit eingebüßt hatte. An jenem Abend hatte der Kriegsrat der Alliierten den Generalangriff für den 18. Oktober beschlossen. Ein reitender Bote, der ungarische Graf István Széchny, übernahm die schwierige Aufgabe, die entsprechenden Befehle in einem gefährlichen Ritt um Leipzig herum allen Armeen der Verbündeten zu überbringen. Er verließ in der Nacht das Hauptquartier Schwarzenbergs in Richtung Westen und kam am frühen Morgen des 17. Oktober bei Blücher an, der ihn weiter zu dem schwedischen Kronprinzen Bernadotte schickte. Erst am Morgen des 18. Oktober sollte der ungarische Graf von seinem Rundritt wieder zu Schwarzenberg zurückkehren.

Am 17. Oktober, einem regnerischen Sonntag, erwarteten die Verbündeten die Fortsetzung der Schlacht. Schwarzenberg hatte bereits am Abend zuvor angeordnet: «Die Armee bleibt in der nämlichen Schlachtordnung, in der sie sich heute am Ende des Gefechts befand.» Großangelegte Angriffe gab es jedoch weder von der französischen noch von alliierter Seite. Vereinzelt kam es zu kleineren Scharmützeln. An den südlichen Abschnitten blieb es einigermaßen ruhig, nur von der Nordfront war Kanonendonner zu hören. Blücher wollte an den Erfolg des Vortages anknüpfen und den Feind weiter zurücktreiben.

Inzwischen trafen die von dem Hauptquartier der Verbündeten erwarteten Verstärkungen ein. Die russische Reservearmee unter Bennigsen zog mit 34 000 Mann heran, ferner zwei österreichische Divisionen mit insgesamt 28 000 Mann. Napoleon konnte nur noch eine Reserve von 17 000 Mann aus der Dübener Gegend mobilisieren. So wuchs die zahlenmäßige Überlegenheit der Verbündeten von Stunde zu Stunde. Zusammen mit der Nordarmee verfügte Schwarzenberg nun über 295 000

Soldaten mit 1460 Geschützen, während Napoleon nur noch 160000 Mann mit 630 Geschützen aufbieten konnte. Zwar hatte er als Vorsichtsmaßnahme bereits ein Vorauskommando unter Bertrand in Richtung Weißenfels geschickt, um einen möglichen Rückzugsweg zu sichern, aber er beschloss, mit dem Abzug bis zum 18. Oktober zu warten. Denn noch hoffte er, dass die Verbündeten einen taktischen Fehler begingen, der ihm vielleicht Gelegenheit bieten würde, doch noch das Kriegsglück zu wenden. Darum zeigte er auch keine Anzeichen für einen Rückzug, sondern ließ in der Nacht seine Truppen nur näher an Leipzig heranrücken. Durch diese Frontverkürzung standen am folgenden Morgen seine Truppen fast ringförmig um Leipzig.

In der Stadt wuchsen Unruhe und Angst. In der Nacht waren endlose Züge von Verwundeten in die Stadt gerollt und die Transporte dauerten auch noch tagsüber an, nachdem man jetzt erst viele Verwundete hatte bergen können. Die Schlachtfelder boten einen schrecklichen Anblick. Einen Einwohner aus Gohlis führte sein Weg nach Hause über die Schlachtfelder von Möckern: «Ich musste über die Todten hinweg treten und auf ihnen hinlaufen und trat ins Blut, Gehirn und Gedärme der Franzosen, die da niedergehauen, zerrissen und niedergeschossen dalagen, dass mir schaudert, ich fror und mir ekelte, als ich nach Hause kam.» Beim 2. Schlesischen Husarenregiment diente Maria Werder als Mann verkleidet und suchte auf dem südlichen Schlachtfeld den Leichnam ihres Mannes: «Drei Stunden schritt ich durch blutgetränkte Felder und hörte nur das Gewinsel der Sterbenden, welches meine Sinne bis zur Bewusstlosigkeit betäubte. Endlich traf ich Leichen, welche die Uniform unseres Regiments trugen. Gleichsam in Paradestellung lag hier eine ganze Linie, und dort auf der kleinen Anhöhe, rief mich eine mir bekannte Stimme bei meinem Regimentsnamen. Ich wendete mich dorthin und erkannte meinen Lieutenant, der, über die Hüfte schwer verwundet, dem Tode nahe war. Als er im Scheiden war, wies sein Rechte auf eine Leiche ihm zur Seite, und er sprach: «‹Dort liegt dein Bruder.›» Alle Kirchen der Stadt wurden in Notlazarette verwandelt; umgekehrt transportierten Wagen die Toten aus den Hospitälern aus der Stadt, um sie in Massengräber zu schaffen.

Der 18. Oktober

Am dritten Tag, dem 18. Oktober, spitzte sich die militärische Entwicklung zu und kam zur Entscheidung. Napoleons Truppen hatten in der Nacht den Befehl ihres Kaisers zur Frontverkürzung umgesetzt und nahmen ihre neuen, inneren Verteidigungsstellungen ein. Napoleon war seit den frühen Morgenstunden ständig unterwegs, ritt durch Leipzig, um sich mit Ney und Bertrand zu beraten und um die neuen Stellungen zu inspizieren. Die Stadt war fast ringsherum abgeschirmt. Der rechte Flügel unter Murat hatte seine Stellung direkt an das Sumpfgebiet zwischen Elster und Pleiße angeschlossen, die nun über Connewitz bis Probstheida reichte. Dahinter standen noch drei weitere französische Korps. Im Zentrum stand Marschall Macdonald auf der Linie Zuckelhausen, Holzhausen bis Mölkau, während sich der linke Flügel unter Ney von Paunsdorf über Schönefeld bis zur Parthe aufgestellt hatte.

Die Initiative ging jedoch von den Alliierten aus. Sie verfügten inzwischen über etwa 295 000 Mann mit 1400 Geschützen und hatten ihre sechs Angriffskolonnen in Richtung Leipzig aufgestellt. Die erste Kolonne mit 50 000 Soldaten unter dem Kommando des Erbprinzen von Hessen-Homburg sollte von Markkleeberg aus vorstoßen, die zweite Kolonne mit 50 000 russischen und preußischen Soldaten unter General Barclay de Tolly würde zwischen Güldengossa und Liebertwolkwitz Stellung beziehen und von dort aus das französische Zentrum in Probstheida angreifen; die dritte Kolonne unter dem russischen General Bennigsen sollte in Richtung Zuckelhausen und Holzhausen vorrücken, die vierte mit 50 000 Mann unter Bernadotte hielt von Möckau bzw. Taucha in Richtung Paunsdorf zu, die fünfte würde unter Blücher vom Norden aus auf die Hallische Vorstadt marschieren. Eine sechste Kolonne war, ausgehend von Lindenau, für den Vorstoß in Richtung Kleinzschocher vorgesehen. Sie hätte den Rückzugsweg Napoleons sperren sollen,

Entscheidung von Leipzig: 14.–19. Oktober 67

Abb. 6: nach F. Martinet: Napoleon behauptet Probstheida gegen die Angriffe Schwarzenbergs

wurde aber schließlich auf Befehl Schwarzenbergs nicht eingesetzt.

Um sieben Uhr früh gab Schwarzenberg den Befehl zum Angriff. Die französischen Armeen wurden in verlustreichen Kämpfen von allen Seiten zurückgedrängt. Die Zahl der ungedeckten Zwischenräume, die, wie noch am 16. Oktober, dem Gegner ein Durchkommen auch mit großen Infanteriemassen und schwerem Gerät erlaubt hätten, gab es nicht mehr. Dass es jedoch an einem energischen Oberkommando fehlte, blieb unübersehbar. Auch jetzt wurden ganze Divisionen nicht in die Kämpfe einbezogen oder mussten ständig verschoben werden, weil es an einem einheitlichen Plan oder auch nur am Überblick über das große Ganze fehlte. Schwerpunkt der Kämpfe waren die Gebiete südöstlich von Leipzig, wo die Franzosen verbissene Abwehrkämpfe und Gegenangriffe führten. Als sich allmählich ein Erfolg der Verbündeten einzustellen schien, führte Napoleon selbst seine letzten Reserven, Truppen der Alten Garde, in die Kämpfe um Probstheida, das selbst nach erneuten Angriffen der Verbündeten in französischen Händen blieb.

Anders stellte sich die Situation auf den benachbarten Schlachtfeldern im Osten und im Süden dar, wo die Verbündeten, nachdem nun auch die Nordarmee in die Angriffslinien eingerückt war, ihre Übermacht nutzen konnten und schließlich den Ring um Leipzig immer enger zogen. Nur nach Westen und Nordwesten wäre ein Rückzug Napoleons noch möglich gewesen.

Eine weitere Entwicklung trieb zur Entscheidung. Bereits in den Tagen vor der Völkerschlacht hatten viele sächsische Soldaten zu erkennen gegeben, dass sie mit der Entscheidung ihres Landesherrn, das Bündnis mit Napoleon aufrechtzuerhalten und sogar zu erneuern, unzufrieden waren. Die Zahl der Desertionen häufte sich, und am 18. Oktober beschlossen sächsische Offiziere, auf die Seite der Verbündeten zu wechseln – ein Schritt, den die Mehrheit ihrer Soldaten mitvollzog. Am Nachmittag kam es zum Übertritt von etwa 3000 Mann mitsamt ihren 19 Geschützen, was zwar für die weitere Entwicklung der Schlacht folgenlos blieb, nicht aber für die spätere Legendenbildung: Im Bulletin der französischen Armee war sehr bald von Verrat die Rede, mit dem man die Niederlage bei Leipzig zu erklären versuchte. In der deutschen Publizistik zu den Befreiungskriegen wurde die Entscheidung der sächsischen Offiziere als Willensakt des ganzen Volkes und als Beispiel für das nationale Zusammenwachsen gedeutet.

Auch für die Stadt Leipzig rückten nun die Kampfhandlungen näher, und damit nahte auch die Stunde der Entscheidungen für die Leipziger selbst. Was sich eigentlich vor den Toren der Stadt auf den Schlachtfeldern bisher genau ereignet hatte, war den Bürgern Leipzigs unbekannt geblieben; dafür machten viele Gerüchte die Runde. Hatte man bisher nur immer wieder Kanonendonner und vor allem den ununterbrochenen Transport von Verwundeten und Kranken in die Stadt erlebt, so trafen nun die Geschosse der Kanonade vor der Stadt auch die Häuser in der Stadt. Der Beschuss konnte eigentlich nur bedeuten, dass die Franzosen ihre Stellungen vor der Stadt nicht mehr halten konnten.

Eine letzte Entscheidung fiel offenbar in der Nacht des

18. Oktober, als Napoleon den Entschluss zum Rückzug seiner Truppen traf. Zwar war der linke Flügel der napoleonischen Truppen vor allem von russischen Truppen geschlagen und bis vor die Mauern der Stadt zurückgedrängt worden, doch hatte Napoleon seine Hauptstellung zwischen Connewitz, Probstheida und Stötteritz halten können. Am Abend hatte er erfahren müssen, dass die Verbündeten ihn fast von allen Seiten, von der Pleiße bis zur Parthe und von dieser bis zur Elster mit ihren Truppen umstellt hatten. Es blieb nur der Rückzugsweg über Lindenau. Dort zogen schon am Abend die französischen Elitetruppen ab und der Rückzug wurde die ganze Nacht über fortgesetzt. Das führte allmählich zu chaotischen Verhältnissen, denn die abmarschierenden Truppen zogen durch die Stadt, deren Straßen und Gassen nun hoffnungslos verstopft waren.

An diesem Abend des 18. Oktober war entschieden, dass die Völkerschlacht den Alliierten trotz der zahlreichen Organisations- und Kommunikationspannen ihrer Operationen den Sieg gebracht hatte. Einen weiteren Tag hätten Napoleons Truppen den Angriffen nicht mehr standhalten können. Es blieb nur die Chance, die Stadt so lange wie möglich zu halten, um den eigenen Truppen den Rückzug zu ermöglichen. Napoleons Leistung bestand darin, die Verbündeten zum Einsatz ihrer Reserven zu zwingen und diese so lange zu binden, bis der Weg für den Rückzug des Großteils seiner Truppen nach Westen frei war. Freilich entstand der Eindruck, dass das Offenhalten der Straße nach Lindenau nicht ganz unbeabsichtigt und ein Stück österreichischer militärischer Taktik oder gar politischer Diplomatie war. Denn entweder wollte Schwarzenberg, indem er den Rückzugsweg nach Westen offenhielt, die Entscheidungsschlacht vermeiden und darauf setzen, dass sich Napoleons Truppen auf dem Weg nach Westen allein schon durch die kräftezehrenden Märsche abnutzen würden, oder er dachte weiter und wollte eine völlige Vernichtung der *Grande Armée* und damit der Machtposition Frankreichs verhindern. Der Vorschlag des Zaren, mit einem Teil der Truppen die Pleiße zu überschreiten und die Straße nach Weißenfels zu blockieren, wurde vom alliierten Hauptquartier ebenso abgelehnt wie Blüchers Ansinnen, mit seiner

Reiterei die Verfolgung aufzunehmen. Schwarzenberg wollte stattdessen mit einem konzentrischen Angriff auf Leipzig am folgenden Tag die Stadt vollständig und endgültig einnehmen.

Die Bewohner Leipzigs trieb in den frühen Morgenstunden nur noch die Sorge um, dass ihre Stadt nun endgültig in das Zentrum der Kämpfe rücken könnte. Sie mussten erfahren, dass die Franzosen keineswegs bereit waren, die Stadt kampflos aufzugeben. Der Totengräber Johann Daniel Ahlemann erlebte die Vorbereitungen zur Verteidigung hautnah: «Alle Gefangenen wurden von dem Gottesacker entfernt und an ihrer Statt marschieren in aller Geschwindigkeit Franzosen auf, welche Schießlöcher in die Gottesackermauer schlugen und dieselbe stark besetzten; etliche fünfzig Mann drangen in meine Wohnung ein, vertrieben mich mit meiner Familie, schlugen die Fenster heraus und postierten sich daran im ersten und zweiten Stock nach der Straße zu.»

Der 19. Oktober

Vor der Stadt standen die Alliierten zum Hauptangriff bereit. Die Stadt sollte an drei Fronten von Süden, Osten und Norden erstürmt werden. Der Angriff begann morgens gegen 7 Uhr. Zu diesem Zeitpunkt wurde erkennbar, dass der französische Rückzug längst im Gange war. Nur 30 000 Mann, die vorwiegend aus den verbündeten Armeen der Polen, Italiener, Westfalen und Hessen stammten, standen unter dem Oberbefehl der Marschälle Macdonald, Marmont und Poniatowski; sie sollten die Stellungen, vor allem an den Toren der Stadt, halten, um den Abzug der französischen Hauptkräfte zu sichern. Um zusätzlich Zeit für einen geordneten Rückzug zu gewinnen, hatte Napoleon noch in der Nacht den Leipziger Rat beauftragt, mit den Verbündeten Verhandlungen über einen Waffenstillstand von mindestens drei Tagen aufzunehmen. Die Parlamentäre der Stadt drangen tatsächlich zum alliierten Oberkommando vor, sie erhielten jedoch nur die vage Zusage, Leipzig sollte so viel Schonung erfahren wie möglich. Der Angriff wurde allenfalls um eine Stunde ausgesetzt, um dem sächsischen König, der sich

Abb. 7: G. Montorgeuil: Rückzug Napoleons

noch in der Stadt befand, Zeit für eine politische Erklärung zu geben. Bald danach wurde er von den Alliierten gefangen genommen.

Napoleon trat seinen endgültigen Rückzug aus Leipzig gegen 9 Uhr morgens an und ritt mit seinem Gefolge auf vielen Umwegen durch das dichte Gedränge aus der Stadt.

Abb. 8: Erstürmung des Grimmaischen Tores

Nur eine halbe Stunde, nachdem er über die Elsterbrücke geritten war, flog diese Brücke – gesprengt von einem französischen Sprengkommando, das übereifrig und voreilig gehandelt hatte – in die Luft, noch bevor die eigenen Truppen restlos abgezogen waren. Die Franzosen hatten damit den Fluchtweg für einen Teil ihrer Truppen zerstört. Unter den Opfern der Sprengung befand sich auch der polnische Marschall Poniatowski, der bravourös auf der Seite Napoleons gekämpft hatte.

Gegen 10 Uhr begann der Sturm der Verbündeten auf die Stadt, in deren engen Gassen nur ein Teil der Truppen eingesetzt werden konnte.

Wieder war es Blücher, der zum sofortigen Sturm auf eines der Tore – das Hallesche – drängte und damit eine rasche Entscheidung herbeiführte. Gegen 12 Uhr gelangten alliierte Truppen in die Stadt, wo gerade eben noch französische Soldaten abzogen. Gegen 12.30 Uhr hatten die Verbündeten den inneren Verteidigungsring erreicht. Während bis 13 Uhr noch vereinzelt gekämpft wurde, zogen die Monarchen, die unbedingt zur Stelle sein wollten, auf dem Marktplatz zur Siegesfeier ein.

Entscheidung von Leipzig: 14.–19. Oktober

Abb. 9: Einzug der verbündeten Monarchen

Es gab Auszeichnungen und Beförderungen für die militärischen Führer der Sieger. Gneisenau, der dabei leer ausging, war sich mit dem Freiherrn vom Stein einig: «Dieser Feldzug darf nicht beendet werden, als bis Napoleon gestürzt ist.» Die Bürger der Stadt erlebten das Ende der Kämpfe mit großer Erleichterung. Friedrich Rochlitz gab in seiner Erinnerung dem Jubel, der nun die erlittenen Gefahren und Ängste und auch das Entsetzen über die schrecklichen Verwüstungen und Opfer vorübergehend verdrängte, einen nationalen Sinn. «Auf den Aufruf der Sieger: Brüder mit uns! stürzten ganze Haufen einander in die Arme ... So überströmend, so trunken vor Freude war, so fiel doch nicht die geringste Ausschweifung vor; kein Mensch, auch nicht einer wurde beleidigt; alles sprach nur mit oder ohne Worte aus: ‹Wir wollen einig sein ein Volk von Brüdern; in keiner Not uns fürchten, noch Gefahr.›»

In den Jubel mischte sich die niederschmetternde Erkenntnis, dass die Zahl derer, die auf dem Schlachtfeld gefallen waren, mehr als 80 000 Mann betrug – hohe Schätzungen sprechen sogar von bis zu 100 000 – und dass die Stadt nach dem Ende der Kämpfe vor neuen Belastungen stand. Sie selbst glich einem Schlachtfeld, fast alle Bäume waren von den Truppen auf der

Suche nach Brennmaterial abgeholzt und die Kirchen in Notlazarette verwandelt worden; es herrschte Hunger, zumal auch die Dörfer in der Umgebung keine Lebensmittel liefern konnten, da sie selbst zu Furagezwecken ausgeplündert, manche auch völlig zerstört worden waren. Nur langsam konnte man die Stadt und ihre nähere Umgebung von dem säubern, «was Seuchen erzeugen müsste». Rochlitz wusste weiter zu berichten, dass die Stadt an «Verwundeten und Kranken über 30 000 [zählt], mithin fast so viele als Einwohner. Für die ängstigenden Sorgen um Raum, Nahrungsmittel, für Furcht vor Seuchen usw. konnte man keinen Trost geben als den, der mir Grauen erregte: Geduld, in zwei Wochen lebt die Hälfte nicht mehr!» Zwei Tage nach dem Ende der Kämpfe wurde die Stadt unter die Zwangsverwaltung des neuen russischen Stadtkommandanten, Oberst Prendel, gestellt, der mit harter Hand versuchte, die Ordnung wiederherzustellen. Leichen sollten auf Befehl des Stadtkommandanten so rasch wie möglich begraben werden. Die bürgerliche Ordnung war vor allem von Plünderern bedroht, die auf der Suche nach Verwertbarem über die Schlachtfelder und durch die Stadt streiften. Auch die ärmeren Einwohner aus Leipzig und Umgebung, die selbst noch das Wenige, das sie einst besessen, durch die Kämpfe verloren hatten, suchten nach Kleidungsstücken, Lederteilen, Patronenhülsen und Zähnen – kurzum nach allem, was immer man auftreiben und verkaufen konnte. So hatte tatsächlich ein Leipziger Stadtreferent beobachtet, wie Plünderer «den Toten die Kinnladen aufbrachen und die schönsten und weißesten Zähne herausrissen, um sie zum Entsetzen in der Folge zu verkaufen». Sorgen bereiteten die vielen französischen Gefangenen, die in der Stadt festgehalten wurden, aber nicht versorgt werden konnten. Man hatte sie, wie schon zuvor ihre Schicksalsgenossen aus dem Lager der Alliierten, wiederum auf dem «Gottesacker verwahrt, wo die Totengrüfte allein ihnen – oder vielmehr einem kleinen Teile von ihnen – einigen Schutz gegen rauhe, nasse Witterung und Nachtfröste gewähren. In allen Winkeln», so berichtet Rochlitz weiter, «liegen dort Sterbende oder Gestorbene; ihre Brüder sitzen auf diesen, gleiches Schicksal erwartend. Von den dort nicht Eingeschlossenen schleichen die, welche sich noch auf

Entscheidung von Leipzig: 14.–19. Oktober

Abb. 10: Napoleons Flucht aus Leipzig

den Füßen halten können, auf den Straßen umher – Bilder des Entsetzens oder des Ekels. Wenige sprechen um Almosen an; lieber wühlen sie in Kehrichthaufen nach schmutzigen Abgängen aus Küchen u. dgl.; mehrere hat man gefunden, wie sie von den noch in den Umgebungen liegenden toten Pferden zehreten.»
Die Zustände in den Lazaretten muten fast noch schlimmer an. Vier Tage nach der Schlacht registrierte man die Kranken und Verwundeten, die in den Sammelstellen lagen: 10 315 Franzosen, 1419 Preußen, 3308 Russen, 560 Österreicher, 567 Schweden und 173 Kämpfer anderer Nationen. Am 11. November waren es noch 7861 Franzosen, 1128 Preußen, 2903 Russen, 729 Österreicher und 195 Angehörige anderer Nationen. Vor allem Preußen und Österreich verlegten ihre Verwundeten zunehmend in benachbarte Städte zwischen Halle und Berlin. Auch französische Verwundete wurden schließlich versorgt und bis nach Pommern transportiert.

Wie hoch die Sterbezahlen der verwundeten und kranken Soldaten tatsächlich waren, lässt sich nicht mit Sicherheit ermitteln. Schätzungen gehen von 11 000 Toten aus. Nur für die städtische Bevölkerung kennt man Zahlen von Seuchenopfern. Ihnen zufolge starben zwischen Januar 1813 und Juni 1814 3271 Bürger der Stadt allein an Typhus; über die Dörfer der Umgebung, wo die Seuchen ebenfalls wüteten, wissen wir wenig Verlässliches. Es soll nicht unerwähnt bleiben, dass die Leipziger Bevölkerung trotz der Not, unter der sie selbst zu leiden hatte, in den ersten vier Wochen 10 007 Taler spendete, dass nach einigen Tagen auch Nahrungslieferungen eintrafen und dass sogar Lazaretteinrichtungen von auswärts herbeigeschafft wurden. Ernst Moritz Arndt, der Leipzig im November 1813 besuchte, lobte die «Menschlichkeit und Wohltätigkeit» der Leipziger, die «die Ängste und Nöte» vergaßen und «halfen und retteten, so viel sie konnten», um im neuen nationalen Stolz hinzuzufügen: «Das war auch Deutschland und das allerbeste Deutschland.»

Napoleon trieb jene 150 000 Mann, die er aus Leipzig hatte herausbringen können, in Gewaltmärschen, wenn auch weitgehend geordnet, zum Rückzug nach Westen über Weißenfels, Erfurt, Eisenach, Fulda und Frankfurt am Main. Bei Hanau stellte sich ihm ein bayerisch-österreichisches Truppenkontingent unter General Graf Wrede erfolglos in den Weg, dessen Linien er auch deswegen leicht durchbrechen konnte, weil er sich unterwegs in Erfurt mit dort stationierten Truppen verstärkt hatte. Die Führung der Alliierten richtete sich vorübergehend in Frankfurt am Main ein, denn es waren noch wichtige Flussfestungen und befestigte Garnisonsstädte an Elbe und Oder aus der Herrschaft der Franzosen zurückzugewinnen, die dann nacheinander zur Kapitulation gezwungen werden konnten. Dennoch war der Rückzug, den die Alliierten, deren Truppen ebenfalls erschöpft waren, zwar nicht mit großer Entschiedenheit, aber mit Beständigkeit verfolgten, verlustreich. Am 2. November überquerte Napoleon mit seiner inzwischen auf 60 000 Soldaten geschrumpften Truppe den Rhein. Mit dem Erfolg über Napoleon schwand fürs Erste auch die Einigkeit unter den Verbündeten, die kaum noch gemeinsame Vorstellungen über das weitere militärische Vorgehen entwickelten, geschweige denn über die politische Zukunft hatten. Während die Hauptarmee weiterhin auf eine Mischung aus Drohgebärden gegenüber dem Gegner und dessen Ermattung setzte, hatte die Schlesische Armee Blüchers sich auf der rechten Rheinseite zwischen Mannheim und Koblenz gesammelt und mit der Hauptarmee am Neujahrstag bei Kaub ebenfalls den Rhein überquert und versuchte durch ihr Vorpreschen, die Kriegführung zu beeinflussen. Denn noch war der Kriegszustand nicht aufgehoben, und so wurden die Truppen auch nicht, wie das früher üblich war, in die Winterquartiere geschickt.

Die Völkerschlacht hatte Napoleon mehr als 70 000 Mann gekostet. Davon waren 30 000 in Gefangenschaft geraten, 5000 übergelaufen. Die Verbündeten hatten 54 000 Mann verloren. Der Eindruck, den die gewaltigen Zahlen an Toten und Verwundeten machten, trug auch dazu bei, dass man die Schlacht rasch auf den Begriff der «Völkerschlacht» brachte, um die Massenhaftigkeit der Vorgänge zu erfassen.

Die Niederlage bei Leipzig bedeutete zwar noch nicht das Ende der Herrschaft Napoleons insgesamt, wohl aber das Ende seiner Macht über Deutschland. Bereits während der Schlacht waren die ersten Rheinbundtruppen aus eigenem Antrieb zu den verbündeten Armeen übergelaufen und ihre Herrscher ihnen nachgefolgt, sobald sich der eiserne Griff ihres Protektors erst einmal gelockert hatte. Bayern hatte schon vorher die Seite gewechselt und sich im Gegenzug dafür im Vertrag von Ried vom 8. Oktober von Österreich Bestandsgarantien einräumen lassen; das Vorbild machte Schule. Es folgten die anderen süddeutschen Staaten – Baden, Württemberg und das Großherzogtum Frankfurt; das Kunstgebilde des Königreichs Westfalen aber zerfiel.

6. Kulturen der Gewalt
Lebensbedingungen und Kriegserfahrungen
in den Feldzügen des Jahres 1813

Die Massenheere, die vor Leipzig aufeinandertrafen, haben dem Soldatenalltag eine besondere Dramatik und Dynamik verliehen, aber auch das Alltagsleben der Leipziger Bürger und der Bewohner der umliegenden Dörfer in einer seltenen Intensität bestimmt. Das zeigt die rasche Erfindung des Begriffs «Völkerschlacht», der nicht zuletzt die Massenhaftigkeit des Kriegseinsatzes und der Kriegsauswirkungen veranschaulicht. Diese spiegelt auch die umfangreiche Kriegs- und Erinnerungsliteratur, die in den ersten Jahren und Jahrzehnten nach der Schlacht erschien und die tiefe und nachhaltige emotionale Betroffenheit der Leipziger Bürger und vieler Soldaten erkennen lässt. Kriege prägen immer die Erinnerung der Zeitgenossen und Nachgeborenen; sie erhalten erst ihre Konturen und finden ihren Niederschlag in Bildern, wenn sie erzählt, gedeutet und visuell oder literarisch vermittelt werden. Diese Repräsentationen und Deutungen des Krieges tragen neben allgemeinen Erfahrungen von Angst und Gewalt, von Tapferkeit und Opferbereitschaft, von Not, Leid und Tod immer spezifische Signaturen der jeweiligen Zeitbedingungen – von den Bedingungen der Militärtechnik und Kriegführung bis zu religiösen, politischen und kulturellen Deutungen bzw. Verarbeitungen des Erlebten und Erlittenen.

Die napoleonischen Kriege bedeuteten in mehrfacher Hinsicht eine Zäsur. Sie waren Kriege im Zeichen von Massenmobilisierung und Massenheeren, von neuen Militärstrategien und politischen Ideologien, die unter «Leitmotiven» wie Nation und Revolution standen. Die napoleonischen Kriege waren keine begrenzten Kriege im Sinne klassischer Kabinettskriege, keine «limited wars», in denen relativ kleine Heere aufeinandertrafen und in denen das Alltagsleben der Zivilbevölkerung vom Krieg nur berührt wurde, wenn sie in einer Kriegszone lebte, in denen die Truppen im Winter ihre Winterquartiere aufsuchten. Es waren vielmehr Kriege, in denen die Zivilbevölkerung in einem bisher allenfalls im Dreißigjährigen Krieg erreichten Ausmaß in die Mobilisierung für den Krieg einbezogen und von den Auswirkungen des Krieges betroffen wurde, wie man das später in den totalen Kriegen des 20. Jahrhunderts als Dauerphänomen erleben musste, als die Trennung zwischen Front und Heimatfront aufgehoben war. Darum waren die Zahlen der Verwundeten besonders hoch und überstiegen oft die Zahl derer, die im Kampfgeschehen selbst gefallen waren. Die napoleonischen Kriege waren schließlich, worauf französische Kulturwissenschaftler wie Antoine de Baecque und Bénédicte Savoy hinweisen, Kriege, in denen eine ganze Generation von jungen Männern die Erfahrungen von schweren Verletzungen «der körperlichen Integrität, der stummen Angst und des Schmerzes» (Savoy) machen mussten, eben weil die Massenmobilisierung und der neue Typus des Massenheeres im Zeichen der Allgemeinen Wehrpflicht dazu führten, dass sehr viele männliche Angehörige einer Generation in den Krieg ziehen mussten oder wollten. Das bezeugen die vielen Soldatenbriefe und Erinnerungsschriften, die medizinischen Berichte und das gewaltige medizinische Instrumentarium, das zum Einsatz kam. Verschärft wurden diese brutalen Phänomene durch die spezifisch napoleonische Kampftaktik, die auf «Überraschung, Anpassungsfähigkeit, Schnelligkeit und Bodenbeherrschung basierte» (de Baecque). Sie bot für die Bergung und Versorgung von Verwundeten auf dem Schlachtfeld wenig Raum; derlei Hilfsmaßnahmen waren durch die Massenhaftigkeit und die Schnelligkeit der Kampfhandlungen nur schwer zu bewerkstelligen. Auf jeden Fall starben in diesen Kriegen – und das gilt auch für die Völkerschlacht – verhältnismäßig viele Soldaten und Offiziere durch den Mangel an Feldambulanzen und an den Folgen schlechter medizinischer Versorgung, an entzündeten Wunden und Wundbrand oder infolge von Epidemien und Hunger. Nach dem Urteil von Antoine de Baecque offenbarte das Schicksal der Verwundeten in den napoleonischen Kriegen, von Austerlitz über Jena bis zu den Feldzügen von 1812/13, «wie sehr es dem Kaiserreich an Menschlichkeit fehlte: Mit Gleichgültigkeit betrachtete man die Menschenleben, die auf dem Altar der kaiserlichen Militärstrategie geopfert wurden.» Ob dies auch für die Völkerschlacht bei Leipzig zutrifft, soll uns in diesem Kapitel auch beschäftigen.

Fast alle Berichte und Erinnerungen an die Völkerschlacht vermitteln in dramatischen Schilderungen das Entsetzen angesichts der Zerstörungen und Verwüstungen, die die Kämpfe auf den Schlachtfeldern und in den Städten bzw. Dörfern hinterlassen hatten. Die Ursachen dafür lagen in dem Aufeinanderprallen von Massenheeren und in den meist erbittert geführten Kämpfen. Nicht zuletzt die neue Kampftaktik der Kolonnenbildung steigerte für die Soldaten die Gefahr, bei Artillerieangriffen verwundet oder getötet zu werden. Häufig wird die verheerende Wirkung von Kanonenkugeln beschrieben, die zu schrecklichen Verwundungen führte. Der 16-jährige preußische Offizier Hermann von Röder, der sich durch besondere Tapferkeit auszeichnete, wurde in der Schlacht bei Wachau mehrfach schwer verwundet: «Da kam eine Kanonenkugel hergeflogen, riss mir das umgehangene Schnupftuch, in dem mein linker Arm hing und alle Kleider auf der Brust entzwei und zerschmetterte mir den linken Arm dicht über dem Ellenbogengelenk. Durch den Luftdruck verlor ich die Besinnung, so dass ich nichts von meiner Verwundung spürte ... Mein zerschmetterter Arm hing herunter, so dass ich ihn mit der rechten Hand aufnahm. Wie ich meinen Zustand erkannte, kam ich zu der Überzeugung, dass für mich keine Rettung sei.»

Über 2000 Geschütze kamen in der Schlacht zum Einsatz. Neben Vollkugeln wurden vor allem Hohlkugeln eingesetzt, die einen besonderen Zündmechanismus erlaubten. Dadurch explodierte bei einer präzisen Einstellung die Kugel erst im Augenblick ihres Auftreffens, und ihre Splitter «streuten in alle Richtungen» (Lorenz). Der im Linksrheinischen geborene französische Infanterist, begeisterte Napoleonverehrer und spätere Schulmeister Johann Jakob Röhrig beschreibt die Wirkung eines solchen Kugelhagels: «Wir standen ... im Karree in einem entsetzlichen Kugelregen, und in Zeit von fünfzehn Minuten hatte das Bataillon an Toten und Verwundeten wenigstens hundert Mann. Eine Granate fiel mitten in das Karree. Der Zünder brannte noch. Sie wühlte einen Kessel in den Boden. Ich zog den Kopf zwischen die Schultern ein und wartete dessen, was kommen sollte – und puff, sie war zerplatzt und hatte in unserer Kompagnie auch nicht einen Mann getroffen, aber die zweite und dritte Kompagnie war stark mitgenommen worden. Einem Offizier hatte sie den Schädel abgedeckt. Inzwischen kam eine Kanonenkugel der Länge der Kompagnie nach zu uns und schlug Gewehre und Beine entzwei.»

Röhrig beschreibt auch die Situation der Verwundeten auf dem Schlachtfeld und in den Feldlazaretten. Sie waren Stunden und Tage unversorgt. In einem der heftig umkämpften Dörfer stieß er nach dem Ende der Kämpfe am Abend des 18. Oktober auf Häuser, in denen zahllose Verwundete lagen, «die am 16. Oktober dorthin geschafft worden waren, und jetzt alle, soweit sie nicht gehen konnten, ohne Rettung verloren gingen, denn das ganze Dorf ging in Flammen auf, und sie mußten verbrennen». Nicht weniger grauenvoll ging es in einem der Feldlazarette zu, in die Röhrig nach einer Verwundung eingewiesen wurde. «In diesem Feldlazarett konnte man sehen, wie Arme und Beine abgeschnitten werden! Es wurden aber damals keine so großen Zurüstungen gemacht, wie die Ärzte es gegenwärtig tun. Es kam ihnen auch nicht darauf an, ob einer mehr oder weniger starb.»

Kaum weniger schrecklich waren auch nach dem Ende der Kämpfe die Zustände in den völlig überfüllten Lazaretten der Stadt Leipzig. Der Mediziner Dr. Reil schrieb einen offiziellen Bericht und schilderte sowohl die unmenschlichen baulich-räumlichen Bedingungen der Gebäude, in denen die Lazarette untergebracht waren, wie die katastrophale Behandlung und Versorgung der Verwundeten: «Man hat unsere Verwundeten an Orten niedergelegt, die ich der Kaufmännin nicht für ihr krankes Muppel anbieten möchte. Sie liegen entweder in dunklen Spelunken, in welchen selbst das Amphibienleben nicht Sauerstoff genug finden würde, oder in scheibenleeren Schulen und wölbischen Kirchen, wo die Kälte der Atmosphäre in dem Maße wächst, als ihre Verderbnis abnimmt, bis endlich einige Franzosen ganz ins Freie hinausgeschoben sind, wo der Himmel das Dach macht und Heulen und Zähneklappern herrscht.» Dass nicht nur die ehemaligen Gegner eine noch schlechtere Behandlung erfahren, hält Dr. Reil für erwähnenswert, sondern auch die soziale Ungleichbehandlung. «Bei dem Mangel öffentlicher Gebäude hat man dennoch auch nicht ein einziges Bürgerhaus dem gemeinen Soldaten eingeräumt.» Die medizinische Betreuung oder Nicht-Behandlung entspricht dem, was Röhrig aus den französischen Lazaretten beschreibt und was vermutlich nicht nur auf die allgemeine Notsituation in der von Verwundeten und Flüchtlingen überfüllten Stadt zurückzuführen ist. «Viele Amputationen sind versäumt, andere werden von unberufenen Menschen gemacht, die kaum das Barbiermesser führen können und die Gelegenheit nützen, ihre ersten Ausflüge an den verwundeten Gliedern unserer Krieger zu versuchen. Einer Amputation sah ich mit zu, die mit stumpfen Messern gemacht wurde. Die braunrote Farbe der durchsägten Muskeln, die fast schon zu atmen aufgehört hatten, des Operierten nachmalige Lage und Pflege gaben mir wenig Hoffnung zu seiner Erhaltung ... An Wärtern fehlt es ganz. Verwundete, die nicht aufstehen können, müssen Koth und Urin unter sich lassen und faulen in ihrem eigenen Unrath an. Für die Gangbaren sind zwar offene Bütten ausgesetzt, die aber nach allen Seiten überströmen, weil sie nicht ausgetragen werden.» Es sollte – wie im vorangegangenen Kapitel bereits angedeutet wurde – Tage und Wochen dauern, bis sich die Versorgungslage der Verwundeten und Kranken allmählich besserte, nicht zuletzt dank der Spendenbereitschaft und Wohltätigkeit Leipziger Bürger.

Auch die Verhältnisse, unter denen die Gefangenen aller Nationen unter wechselnden militärischen Bedingungen zu überleben versuchten, haben wir bereits kurz erwähnt. Diese werden besonders eindrücklich von dem Totengräber Johann Daniel Ahlemann beschrieben, der auch noch Wochen nach dem Ende der Kämpfe schreckliche Entdeckungen machte. «Erst vierzehn Tage nach der Schlacht wurde der Gottesacker von den Gefangenen geräumt und viele derselben, in bloße Gerippe verwandelt, in Wagen nach den Lazaretten geschafft, da sie nicht zu gehen vermochten. Jetzt sah man erst die Verwüstung des vorher so schönen Gottesackers, der mit allen Arten zerbrochener Waffen, Patronentaschen, Hüten, Montirungen, Tornistern und Allem, was der Soldat bei sich führt, sowie mit herbeigeschafften Gerätschaften bedeckt war. Alles in Koth getreten, welcher einen abscheulichen Geruch verbreitete.»

Überall war die Stadt von Unrat und Leichen bedeckt. «In den Straßen dampft ein scharfer, verpestender Qualm der Excremente von Menschen und Pferden herauf in die Zimmer», berichtet Rochlitz wenige Tage nach dem Ende der Kämpfe voller Abscheu, «der um so ekelhafter und verderblicher werden muss, da unsre Häuser so hoch, unsre Gassen so eng, der freien Plätze so wenige sind.» Auch im November 1813 war nicht erkennbar, wie die Spuren der Verwüstungen und die Folgen der anschließenden Hungersnöte und Seuchen beseitigt werden sollten. Ludwig Hußel versuchte seine Eindrücke in Worte zu fassen: «Dem kältesten Verstand mußte schwindeln und die unerschütterlichste Gegenwart des Geistes Bankerott werden, wenn sie den Knäul erblickten, der hier zu entwirren war. Man sah nirgends einen Anfang noch ein Ende. Die Stadt war mit Leichen bedeckt, die Flüsse von Leichen gedämmt. Tausende Hände waren nötig, diese Pestmaterialien wegzuschaffen und zu verscharren, ohne dass man daran denken durfte, das Schlachtfeld von Leipzig selbst aufzuräumen.»

Noch drastischer ist die Schilderung des Mediziners Reil: «Auf dem offenen Hof der Bürgerschule fand ich einen Berg, der aus Kehricht und Leichen meiner Landsleute bestand, die nackend lagen und von Hunden und Raben angefressen wurden, als wenn sie Missetäter und Mordbrenner gewesen wären. So entheiligt man die Überreste der Helden, die dem Vaterland gefallen sind.» Die entwürdigende Nacktheit der toten Soldaten, die Reil beklagt, hatte meist ihren Grund in der Plünderung der Gefallenen und auch Verwundeten auf den Schlachtfeldern. Der Stadtmedicus Dr. Gross entdeckte am Rathaus, «gerade den königlichen Fenstern gegenüber, den Leichnam eines französischen Soldaten in völlig nacktem Zustande, welcher in der

Nacht auf diesem Platze gestorben und von seinen Kameraden aller Kleidungsstücke beraubt worden war». Doch waren es, wie schon erwähnt, nicht nur Kameraden und gegnerische Soldaten, die sich der Uniformen und Waffen der Gefallenen bemächtigten oder in den besetzten Dörfern Häuser und Materiallager ausraubten; vielmehr zogen nach den Kämpfen Tag und Nacht Plünderer über die Schlachtfelder und suchten nach Verwertbarem.

Besonders geschickt waren Marketenderinnen, die sich auch auf dem Leipziger Schlachtfeld tummelten und sich nicht nur um die Verwundeten kümmerten, sondern auch nach den Kämpfen das Schlachtfeld auf der Suche nach Verwertbarem durchkämmten. Sie brauchten kaum eine Minute, um eine Leiche völlig zu entkleiden. Auch verstanden sie es, Essbares herbeizuschaffen, denn daran mangelte es ständig.

Es war in der Regel die schiere Not, welche die Soldaten zum Plündern und Zerstören trieb. Es fehlte an Unterkünften, Nahrung, Kleidung und Brennmaterial. Friedrich Rochlitz beschreibt die Folgen der Auflösung von Zucht und Ordnung: «Da unter den Truppen alle Zucht und Ordnung, außer im eigentlichen Dienst, aufgehört hat, nimmt jeder, was irgend aufgefunden werden kann, und denkt beim Gebrauch nur an sich und sein augenblickliches Bedürfnis. Die Tausende, die Tag und Nacht im Freyen liegen, während rauhe Zugwinde daherstreifen und der Regen den kalten Boden aufweicht, müssen sich allerdings zuerst gegen diese Unbilden der Natur schützen. Das geschieht in der Regel, indem sie in den Dörfern Thüren, Fensterläden, Dielen u. s. w. losbrechen, daraus, so gut es gehen will, Hütten bauen, und den Boden, wie das Dach, mit Stroh bedecken.» Häufiger wurden jedoch Zäune, Bretter und Bäume, Tische und Bänke verfeuert, um sich aufzuwärmen; doch oft fehlte es auch daran. Der Württemberger Christian von Martens, der den Rückzug der französischen Truppen decken musste, erinnert sich: «Wir hatten in der Allee von Leipzig eine schlimme Nacht zugebracht – teils beim Schanzen, teils an den Bäumen angelehnt, jagte uns der scharfe Nordwind den kalten Regen ins Gesicht. Ohne Nahrung, ohne Holz zum Feuern, ohne Stroh zum Liegen brachten wir dieselbe meist schlaflos zu.»

Kein Bericht, der nicht den Hunger und die täglichen Entbehrungen schildert. Der Soldat Röhrig, in Diensten der *Grande Armée*, beschreibt, was fast alle erleben und ertragen mussten. «Für Lebensmittel hatte kein Mensch gesorgt. Die Soldaten konnten auch nichts herbeischaffen, denn in die Stadt durfte keiner, und die Ortschaften waren leer und öde. Weder eine lebende Kreatur noch sonst etwas war darin zu finden. Rohe Erdkohlrüben, Mark aus den Kappesstrünken, auch wohl ein Apfel – das war es, womit man den Magen füllte.» Nicht anders sah es im Yorck'schen Korps aus. Der Füsilier Johann Karl Hechel erzählt: «Außer einem kleinen Schnaps bekam ich an diesem Tag nichts zu essen oder zu trinken. Wir suchten nach Rüben und fanden keine.»

Doch wartet Röhrig auch mit einem Zeugnis ganz anderer Art auf – denn tatsächlich scheint es, als habe er Hunger und Entbehrungen beim Anblick des Kaisers für eine Weile vergessen können: «Und doch kann, wer es nicht gesehen, sich keine Vorstellung machen, welcher Enthusiasmus unter den halbverhungerten und matten Soldaten kundgab, wo sich der Kaiser in Person zeigte. War alles entmutigt und er kam geritten, so wirkte seine Gegenwart wie ein elektrischer Schlag. Alle schrien aus Herzensgrunde: ‹Vive l'Empereur!› und gingen blind ins Feuer.» So bezeugt er das Charisma Napoleons, das die Einsatzbereitschaft der Soldaten erklären soll und kann. Bei den Verbündeten, deren Herrscher sich nur auf dem «Monarchenhügel» in sicherer Entfernung vom Schlachtfeld aufhielten, mag es die emotionale Bindung an König und Vaterland, aber auch an die Nation gewesen sein, die zur Rechtfertigung des kriegerischen Handelns diente und persönliche Tapferkeit befeuerte. Napoleon hingegen versuchte, sein Charisma immer wieder zu bekräftigen, indem er sich oft persönlich in den vordersten Linien hoch zu Ross zeigte und indem er Erfolg und Belohnung anbot. Mit der Niederlage bei Leipzig und dem überstürzten Rückzug sollte sich sein Charisma jedoch endgültig auflösen. Die Siegesfeier der Monarchen auf dem Marktplatz von Leipzig sollte, kaum dass die Schlacht geschlagen war, die traditionelle Legitimation von Monarchie und Patriotismus bekräftigen. Man schwelgte im Gedenken an Nation und Heldentum. Und so lässt sich in den Berichten und Erzählungen der Kriegsteilnehmer und Zeitgenossen eine neue Lesart erkennen, die fortan zum zentralen Element der Erinnerung an die Leipziger Völkerschlacht werden und bald die Erinnerung an Gewalt, Verwüstung und Leid überlagern und dieser eine andere Deutung geben sollte.

7. Vom Schlachtfeld zum Erinnerungsort
Krieg und Nation in der Erinnerung
an die Völkerschlacht
im 19. und 20. Jahrhundert

Am Morgen des 19. Oktober 1813 ritt ein Bote von Leipzig nach Berlin, um die Siegesnachricht zu überbringen. Um die Mittagszeit des folgenden Tags traf er vor den Toren der Stadt ein und wurde am nächsten Morgen, dem 21. Oktober, auf seinem Weg durch die Straßen von 24 blasenden Postillionen und dem Geläut der Kirchenglocken begleitet. Auf dem Schlossplatz verlas er die Siegesnachricht aus Leipzig. Für den folgenden Sonntag, den 24. Oktober, wurde von den preußischen Behörden eine Dankes- und Siegesfeier angesetzt. Zu diesem Anlass kehrte auch König Friedrich Wilhelm III. aus Leipzig in seine Residenz zurück. Auch er hielt unter Glockengeläut einen feierlichen Einzug durch das Brandenburger Tor in die Stadt und begab sich zur Domkirche, wo ein Dankgottesdienst mit Tedeum vor der königlichen Familie, hohen Staatsbeamten und dem Berliner Magistrat gehalten wurde. Nach der Feier ertönten 101 Kanonenschüsse und die Truppen paradierten vor dem König. Am Abend gab es eine festliche Illumination der Stadt, Opernaufführungen und Diners. Als der König seine Loge in der Oper betrat, wurde er mit der Hymne «Heil Dir im Siegerkranz» empfangen.

Die feierliche Inszenierung in Berlin am 24. Oktober, die sich in den folgenden Tagen auf dem Lande vor Gutsherren, Amtsleuten, Pfarrern und Lehrern wiederholte, war ein traditionelles monarchisches Fest mit einer starken kirchlich-religiösen Komponente. Das siegreiche Königtum repräsentierte sich im Medium eines protestantischen Dankopfers als legitime Ordnungs- und Friedensmacht, die einen hart umkämpften und auch verlustreichen Sieg zum Wohle der Monarchie und des Landes errungen hatte. Ähnliche Sieges- und Dankesfeiern hatte es schon nach dem Siebenjährigen Krieg gegeben, und sie sollten für ein ganzes Jahrhundert zum Muster für kommende dynastische Feiern zur Erinnerung an die Völkerschlacht werden. Sie trafen auf große Resonanz, weil überall Freude und Dankbarkeit über das Ende der langen Kriegsjahre Begeisterung und Erleichterung auslösten. So wurde im Dezember 1813 in Wien die Uraufführung von Beethovens sinfonischem Schlachtengemälde «Wellingtons Sieg», das den englischen Triumph über französische Truppen bei Vitoria im Baskenland verherrlichte, vom Publikum begeistert aufgenommen und musste mehrfach wiederholt werden. Beethoven hatte damit nicht nur den Geschmack, sondern auch den Nerv seiner Zeit getroffen – das Stück war, wiewohl künstlerisch gewiss keine Sternstunde und musikalisch eher nervtötend, unter seinen Zeitgenossen eines der erfolgreichsten, die er je geschaffen hatte. So hatten die Befreiungskriege eine gewaltige Welle nationaler Begeisterung, gepaart mit martialischen Tönen der Kriegsverherrlichung, ausgelöst, in die sich eine antinapoleonische Stimmung mischte.

Neu und zukunftsweisend waren die Sieges- und Erinnerungsfeiern, die einem national-demokratischen Deutungs- und Repräsentationsmuster folgten. Sie entfalteten sich neben und mitunter auch konträr zur monarchischen Erinnerungskultur und machten die Ambivalenz deutlich, die der Erinnerung an die Völkerschlacht von Anfang an anhaftete. Sie wurden erstmals im Oktober 1814 in vielen deutschen Staaten und Städten begangen und beruhten auf Anregungen von Ernst Moritz Arndt und Friedrich Ludwig Jahn. Arndt hatte noch im November 1813 Leipzig besucht, die Wohltätigkeit der Bürger gepriesen und den Ort der denkwürdigen Schlacht in einem ebenso monumentalen wie einfachen Lied besungen. Arndt warb für die Idee eines «Festes der Leipziger Schlacht», das als «deutschnationales Fest» jährlich gefeiert werden sollte. Man war sich einig, dass die Feier auf den 18. Oktober fallen sollte, den man als entscheidenden Tag der viertägigen Schlacht betrachtete. Es sollte ein nationales Fest sein, weil nach Arndts Vorstellung es das «teutsche Volk» war, das im Bund mit den Fürsten den Sieg erfochten und die Idee der nationalen Einheit befördert hatte. Arndt und seine patriotischen Mitstreiter waren es, die unmittelbar nach der Schlacht den Oktober-Mythos vom «Volkskrieg» und der «nationalen Erhebung» verbreiteten. Damit gaben sie dem Krieg und seinen vielen Opfern zugleich eine neue nationale Rechtfertigung und sakrale Würde. Denn der Mythos, also die Erzählung von den Ursprüngen einer Nation und deren historischer Fundierung, beansprucht unverrückbare, emotional gebundene wie auf Ewigkeit und auf Gläubigkeit angelegte Wahrheiten zu verkörpern.

Ernst Moritz Arndt, Theodor Körner und andere patriotische Schriftsteller waren schon vor der Völkerschlacht davon überzeugt, dass ein Krieg gegen Napoleon ein nationaler Volkskrieg und Freiheitskrieg sein müsse. Schon seit 1806/07 stand ein facettenreiches Repertoire nationalistischer Erzählungen und Deutungen zur Verfügung, mit deren Hilfe man sich, wie der zeitgenössische Göttinger Historiker Herrmann Ludwig Heeren, über die «Mittel zur Erhaltung der Nationalität besiegter Völker» Gedanken machen konnte. Der Nationalismus bot nach dem Urteil des (heutigen) Historikers Jörg Echternkamp ein «Koordinatensystem, in dem die Besatzung und die Koalitionskriege auf eine neue Weise rational und emotional eingeordnet werden konnten». In Körners bekanntem «Aufruf» vom März 1813 wurde der bevorstehende Krieg gegen Napoleon als ein «Kreuzzug» des Volkes für die Freiheit und für das deutsche Vaterland sowie als ein Rachezug für die von Napoleon begangenen Schandtaten gerechtfertigt. «Frisch auf mein Volk! Die Flammenzeichen rauchen», beginnt das Gedicht, um dann zu versichern: «Das höchste Heil, das letzte liegt im Schwerdte!/Drück dir den Speer ins treue Herz hinein,/der Freiheit eine Gasse! – Wasch die Erde/Dein deutsches Land mit dem Blute rein./Es ist kein Krieg, von dem die Kronen wissen,/Es ist ein Kreuzzug, s'ist ein heiliger Krieg.»

Die zahlreichen Aufrufe zum nationalen Kampf, die schon in der Anfangszeit der Freiheitskriege entstanden, sprachen sehr allgemein von den Kampfzielen, um die es gehen sollte; deren Vagheit erlaubte es, darunter auch unterschiedliche Vorstellungen von Nation und traditionellem Landespatriotismus, von Volk und Vaterland zu subsumieren. Arndts «Aufruf an die Preußen» vom Januar 1813 definierte dementsprechend das «Ziel des großen Kampfes» als das «Heiligste und Ehrwürdigste», nämlich als «die Ehre, die Freiheit. Die Gerechtigkeit, für die Wissenschaft und für die Kunst, für jede schönste Tugend und jedes höchste Gut des menschlichen Geschlechts, die der abscheuliche Tyrann von der Erde vertilgen möchte». Mit dem «abscheulichen Tyrannen» war kein anderer als Napoleon gemeint, dessen Dämonisierung zum «Menschenfresser», «Despoten» und zur «Höllengeburt» und auch «Antichristen» uns seit der preußischen Niederlage bei Jena und Auerstedt und verstärkt seit den Befreiungskriegen in Zeichnungen, Karikaturen und Texten vielfach begegnet. Doch der Kreis der Despoten konnte auch über Napoleon hinausreichen. So gestand Arndt später ein, dass er in seinem «Kurzen Katechismus» sehr viel weitergehend auch deutsche Fürsten gemeint habe, die er für «feig» und «elend» hielt. Auch Arndts Vorstellungen von Freiheit bleiben zu dieser Zeit sehr allgemein und vage. In seinem «Katechismus» vom August 1813 definierte er Freiheit als die Möglichkeit, frei von fremder Vorherrschaft «in den Sitten und Weisen und Gesetzen der Väter» zu leben. Neben der Freiheit wird in der Befreiungskriegslyrik in einem Atemzug die Einheit beschworen.

Erst nach dem siegreichen Ende der Freiheitskriege wurde man, wie Karen Hagemann nachgewiesen hat, sehr viel deutlicher und bezog die Forderungen nach Freiheit auch auf die deutsche Innen- und Verfassungspolitik. Der Freiheitskampf der Deutschen müsse sich nun gegen «drei Ungeheuer» richten, die aus dem «Phule(sic) der französischen Revolution hervorgegangen seien: gegen die «absolute Souveränität der Fürsten», die «Maschinen-Einrichtung der Staatsverwaltung und Gesetzgebung» sowie gegen die «Conscription». Das war die Brücke zu einem politischen Programm des frühen Liberalismus, der Forderung nach nationaler Einheit, einer einheitlichen Rechtsordnung mit Grundrechten, Gewaltenteilung und Vereinigungsfreiheit, die nun Thema der Flugschriften wurde, welche in der

Tradition der Freiheitskriege und der Befreiungskriegslyrik standen. Damals erwies sich der Nationalismus, der in den Freiheitskriegen einen großen Schub und eine soziale Verbreiterung in bürgerliche Schichten gefunden hatte, als ein Gefäß, das viele andere politische Inhalte zusätzlich aufnehmen und miteinander verschmelzen konnte.

Verschmelzen ließ sich der Einheits- und Freiheitsgedanke durchaus noch mit dem monarchischen Landespatriotismus, wie er in dem Aufruf des preußischen Königs «An mein Volk» formuliert war. Voraussetzung dafür war, dass die Vorstellungen von Freiheit und Einheit einigermaßen vage blieben und nicht explizit innenpolitisch ausgerichtet waren, wie das bei Arndt nach dem Ende der Völkerschlacht mehr und mehr der Fall wurde. Der Aufruf zur Beteiligung am Befreiungskampf, der an die gesamte männliche Bevölkerung gerichtet war, machte den Freiheitskrieg zu einem gesamtnationalen Ziel, indem er an alle «Preußen und Deutsche» gerichtet war und den Kriegseinsatz mit der Wiederherstellung der Ehre der preußischen und der deutschen Nation begründete. Preußische Monarchie und Militärführung setzten am Vorabend der Befreiungskriege auf die Mobilisierung des ganzen Volkes, das als Waffengemeinschaft gedacht wurde; sie setzten aber auch auf die Mobilisierung und Opferbereitschaft nicht nur der Soldaten, sondern auch der Zivilisten an der Heimatfront. Das war der neue Impetus, der von der Französischen Revolution ausging und der sich in Forderungen nach einem Volkskrieg und einer Allgemeinen Wehrpflicht konkretisierte.

Zwei Klammern existierten zwischen den deutsch-nationalen Positionen eines Arndt, die zu einem frühliberalen Freiheitsprogramm auswachsen konnten, und dem monarchischen Landespatriotismus, der in der Parole für «König und Vaterland» zum Ausdruck kam. Diese religiösen Überzeugungen und die veränderten Vorstellungen vom Krieg, die viele Zeitgenossen teilten, waren zumindest für die breite Mobilisierung in der Zeit der Freiheitskriege unverzichtbar: Da war einmal die Gewissheit, dass dieser Kampf mit Gottes Hilfe geführt werde und dass ihn zu führen deswegen nicht nur eine gerechte, sittlich gerechtfertigte, sondern auch religiös fundierte Forderung sei. Diese Annahme war für eine breite Mobilisierung in der Zeit der Freiheitskriege wichtig und stieß auf breite Akzeptanz. Ähnliches galt für die zweite wichtige Vorstellung, nämlich dass dieser Krieg ein legitimes Mittel der Politik sei; so dass der Krieg nicht als ein Unglück für die Nation betrachtet werden dürfe, sondern, wie Friedrich Gentz es 1800 formulierte, als «Mittel zur Vervielfältigung ihrer Kräfte». Hier zeigt sich eine vollständig gewandelte Einstellung zum Krieg, der noch zwanzig Jahre zuvor von Philosophen als Rückfall in die Barbarei betrachtet worden war, nun aber seit 1806 als zentraler Bestandteil des Reformprogramms auftauchte und in der Befreiungskriegslyrik immer wieder verherrlicht wurde. Damit veränderte sich auch das Bild des Soldaten, der fortan ganz im Unterschied zum früheren Söldner als wehrhafter Bürger verstanden wurde, der sich einem bürgerlich-sittlichen Verhaltenskodex verpflichtet fühlte. Auch das Leiden und Sterben im Krieg erhielt dadurch einen neuen Sinn, der nach den schrecklichen Opfern, die die Völkerschlacht gekostet hatte, zumindest in der öffentlichen Rhetorik einen gewissen Trost bot und den Übergang von einer tiefen Erschütterung über die Opfer und das Leiden in einen politischen Mythos erleichterte. Der Krieg diente in dieser Sichtweise nicht nur der Wiederherstellung von Frieden und politischer Souveränität, sondern der Läuterung des Soldaten und der Wiedergeburt der deutschen Nation. So wurde der Krieg gar zur Schule der Nation und machte die Ordnung der Nation erfahrbar.

Dass mit Krieg, vor allem in seiner Totalisierung, auch die Erfahrung einer Entgrenzung von Gewalt und Hass verbunden ist, stellte die Kehrseite des national definierten Bellizismus und der religiös-nationalen Kriegsverklärung dar. Für Arndt hatte Nationalismus stets den Charakter eines Religionsersatzes. Voller Emphase forderte er: «Das ist die höchste Religion, das Vaterland lieber zu haben als Herren und Fürsten, als Väter und Mütter, als Weiber und Kinder.» Die Befreiungskriege erhielten darum eine religiöse Begründung, die auch der Rechtfertigung von nationaler Einheit und Integration diente – sie waren Ausdruck eines göttlichen Willens.

Die nationalistische Integrationsideologie setzte die Rechtfertigung von Hass und Vernichtung wie eines starken Feindbildes voraus. Hass galt als notwendiges Lebensprinzip, und Arndt konzentrierte diesen ganz im Sinne der Zeiterfahrung auf die Franzosen: «Ich hasse alle Franzosen, ohne Ausnahme im Namen Gottes und meines Volkes [...] Ich lehre meinen Sohn diesen Hass. Ich werde mein ganzes Leben arbeiten, dass die Verachtung und der Hass auf dieses Volk die tiefsten Wurzeln in deutschen Herzen schlägt. [...] Dieser Hass glühe als Religion des deutschen Volkes.» In dem Maße, in dem in den Augen der Zeitgenossen Krieg der Wiedergeburt einer Nation und der Sicherung des Heils des Menschengeschlechts diente, erhielt der Gedanke der Nation eine chauvinistisch-aggressive Komponente. Deutlich wird dies in den nationalistischen Hasstiraden von Arndt – aber nicht nur von ihm. Er predigte, wortstärker als andere, einen «glückseligen Hass», einen «heißen, blutigen, gemeinsamen Krieg aller Deutschen gegen den ‹Franzmann›». Das deutsche Vaterland sah Arndt dort, «wo Zorn vertilgt den welschen Tand, wo jeder Franzmann heißet Feind».

Freiheit und Nation, aber auch Nation und heiliger Krieg, Hass und Emotion, waren die ideologischen Bestandteile der Rhetorik der Befreiungskriege. Sie standen zur Rechtfertigung der Mobilisierung für den Freiheitskampf gegen Napoleon längst bereit und wurden nicht erst durch den Krieg geschaffen. Was vor den Revolutionskriegen nur für das Denken einer intellektuellen Minderheit bestimmend war, wurde während und erst recht nach dem Befreiungskrieg zum Stoff, aus dem bürgerlich-akademische Schichten ihre Weltsicht bildeten. Die Befreiungskriege haben den Gedanken einer martialischen Nation und deren Begründung zwar nicht hervorgebracht, wohl aber bekräftigt und popularisiert. Sie wurden zum Katalysator einschlägigen Denkens und einer politischen Ideenbewegung. Die Träger dieser Bewegungen waren intellektuelle Zirkel und frühe Vereine, die in den ersten Jahrzehnten des neuen Jahrhunderts aufblühten. Die Medien, mit denen sie ihre Vorstellungen einer «martialischen Nation» (H. Carl) propagierten, waren Lieder und Gedichte, die als Flugblätter oder Bücher erschienen, aber vor allem Feste und Denkmäler, die den sozialen Raum erfüllten und durch ihre symbolisch-visuelle Vermittlungsform eine größere Reichweite und Dauerhaftigkeit versprachen.

Arndt und seine patriotischen Mitstreiter haben schon bald nach der Schlacht dem dramatischen Geschehen einen Sinn zu geben und aus dem Kriegserlebnis einen Mythos zu schaffen versucht. Man traf sich im Frühjahr 1814 in Rödelheim bei Frankfurt, um die Gründung von «deutschen Gesellschaften» und die Einrichtung eines «Leipziger Festes der Schlacht» zu betreiben. Wirkungsvoll verbreitet wurden diese Pläne durch die Schrift von Arndt «Ein Wort über die Leipziger Schlacht», in der er den Mythos begründete. Durch seinen Sieg über den Tyrannen habe das deutsche Volk zu Einheit und Freiheit gefunden, und der Landsturm und die Freiwilligen hätten im Wesentlichen das deutsche Volk in diesem Kampf für die Freiheit repräsentiert. «Die Schlacht bei Leipzig rettete unser Land und Volk von dem abscheulichen Joche der französischen Tyrannei und stellte in Europa die Weltordnung der Gerechtigkeit wieder her.» Aus diesem Ereignis und Erlebnis müsse etwas Dauerhaftes werden. Ein «Nationalfest der Teutschen», das in «ächter und alter deutscher Brüderlichkeit und Redlichkeit» begangen würde, sei dazu als «starkes und mächtiges Bindungsmittel» besonders geeignet.

Ausgerechnet das verhasste Frankreich der Revolution und Napoleons, das Arndt und seine Gesinnungsgenossen für den tiefen Bruch in der deutschen Volks- und Nationalgeschichte verantwortlich machten, liefert die Vorbilder für die Konzeption nationaler Feste. In seiner Schrift, die in einer relativ hohen Auflage von 7500 Exemplaren noch vor dem ersten Jahrestag erschien, entwickelte der Autor zugleich die Matrix für die Inszenierung eines solchen Nationalfestes. Am Vorabend sollten überall «Höhenfeuer» entzündet werden, die Feiern selber sollten am jeweils ersten Tag, dem 18. Oktober, mit einem Volksfest mit Tanz und Festessen eröffnet und am zweiten Tag mit staatlichen Feiern vollendet werden. Dazu gehörte auch der Bau eines «ächt germanischen Denkmals», das vor allem «groß und herrlich» sein sollte, «wie ein Koloß, eine Pyramide, ein Dom in

Köln». Dass er das erste Erinnerungsfest am 18. Oktober 1814 tatsächlich auf dem Feldberg im Taunus erleben durfte, verstand er als eine große Befriedigung: «Es war einer der schönsten Abende meines Lebens, als ich mit mehreren Tausenden fröhlicher Menschen den 18. Oktober auf dem Gipfel des Taunus, dem Feldberge, stand und den Himmel ringsum in der Nähe und in der Ferne von mehr als fünfhundert Feiern geröthet sah.»

Die ungetrübte Wirkungs- und Erfolgsgeschichte des Nationalfestes vom 18. Oktober währte nur kurz, trotz oder gerade wegen der großen Resonanz, die die Feiern fanden. In Berlin nahmen die offiziellen Feiern 1814 eher die Repräsentationselemente auf, die dem klassischen Kanon von Dank- und Siegesfeiern entstammten und auch schon ein Jahr zuvor relativ spontan inszeniert wurden. Eine Militärparade und Gottesdienste standen im Zeichen von Landespatriotismus und monarchischem Fest. Dagegen zeigten die Feiern der Turner, die parallel dazu durchgeführt wurden und ein viel größeres Publikum angelockt hatten, Volksfestcharakter, mit Freudenfeuern als Zeichen der Verbrüderung, ganz so wie sich Arndt das zuvor vorgestellt hatte.

Auch anderswo – in Süd-, Mittel- und Westdeutschland – fanden Feiern nach derselben Choreographie statt, doch waren sie dort meist stärker von deutsch-nationalen Feierelementen geprägt. Der Festplatz war mit nationalen Symbolen geschmückt, man bildete einen Festzug, der mit der Entzündung eines Feuers abgeschlossen wurde; dann wurden patriotische Lieder gesungen, Gedichte vorgetragen und Reden gehalten; zum Abschluss gab es einen Gedenkgottesdienst für die Gefallenen und eine national-religiös gestimmte Predigt. Das Fest wurde von einer schmalen bildungsbürgerlichen Schicht getragen, und wir wissen nicht, wie weit deren Vorstellungen von nationaler Einheit und der Befreiung von der Fremd- und Willkürherrschaft in die Gesellschaft hineingewirkt haben. Was jedoch die Festgemeinde insgesamt vereinte, waren die Ehrung der Gefallenen, waren Dank- und Freudenbekundungen zum Ende des Krieges. Auf jeden Fall entsprach ein solches sichtbares und emotionales Bekenntnis zu Einheit und Freiheit, was die Feste in unterschiedlicher Intensität vermittelten, nicht dem Geschmack der Fürsten, die gerade mit der Wiederherstellung legitimer und auch restaurativer politischer Ordnungen und Verfassungen beschäftigt waren. Ein Jahr später waren die meisten Regierungen bemüht, die nationalen und von ihnen als aufrührerisch und explosiv wahrgenommenen Tendenzen in der Festgestaltung zurückzudrängen. Alles was den Mythos eines Volkskrieges hätte bekräftigen können, wurde unterbunden, und in Berlin überwogen nun eindeutig die Elemente einer monarchischen Siegesfeier. 1816 war der Traum von einem jährlichen Fest aller Deutschen der politischen Ernüchterung gewichen.

1817 versammelten sich noch einmal rund 500 Studenten von fast allen deutschen Universitäten auf der Wartburg in Thüringen, um den 300. Jahrestag der Reformation und gleichsam im Schatten dieses Ereignisses auch die sehr viel frischere Erinnerung an die Völkerschlacht zu feiern. Man sang patriotische Lieder und hatte die Farben Schwarz, Rot und Gold des Lützowschen Freikorps zum Banner gewählt. Es war überdeutlich, dass sie «nicht eines ‹Befreiungskrieges›, sondern eines Krieges der Freiwilligen» (Clark) gedachten und den Krieg als «Aufstand des Volkes» verstanden. Einer der Festredner, der Theologiestudent und Kriegsfreiwillige von 1813, Träger des Eisernen Kreuzes, Karl Heinrich Riemann, verbarg die Enttäuschung über die politische Nachkriegsentwicklung nicht: «Vier lange Jahre sind seit jener Schlacht verflossen; das deutsche Volk hatte schöne Hoffnungen gefaßt, sie sind alle vereitelt. Alles ist anders gekommen, als wir erwartet haben; viel Großes und Herrliches, was geschehen konnte und mußte, ist unterblieben; mit manchem heiligen und edlen Gefühl ist Spott und Hohn getrieben worden. Von allen deutschen Fürsten Deutschlands hat nur einer sein gegebenes Wort eingelöst, der, in dessen freiem Land wir das Schlachtfest begehen.» Riemanns anschließende programmatische Forderung, sich auch weiterhin «gegen jegliche innere und äußere Feinde dieses Vaterlandes zur Wehr zu setzen», war ein politisches Fanal liberaler Positionen, das ein Jahr später zur Gründung der «Allgemeinen Deutschen Bur-

Vom Schlachtfeld zum Erinnerungsort 97

Abb 11: Wartburgfest am 18. Oktober 1817

schenschaften» führte, das aber auch die Obrigkeiten auf den Plan rief, die das Wartburgfest zum Anlass nahmen, mit scharfen Repressionsmaßnahmen gegen die freiheitliche Bewegung der jungen bildungsbürgerlichen Eliten vorzugehen. Dies umso mehr, als die Studenten schließlich auch Schriften einiger reaktionärer Autoren in einem symbolischen Akt verbrannten. Darunter war auch ein Pamphlet des Rektors der Universität Berlin, des Theologen Anton Heinrich Schmalz. Denn er hatte die Behauptung vehement zurückgewiesen, dass der Krieg gegen Napoleon von einer Welle allgemeiner nationaler Begeisterung in Preußen getragen worden sei. Die Soldaten hätten ganz einfach ihre Pflicht erfüllt, «wie man aus ganz gewöhnlicher Bürgerpflicht zum Löschen einer Feuerbrunst beim Feueralarm eilt.»

Wie sehr die Erinnerung an die antinapoleonischen Kriege mittlerweile polarisiert und politisch instrumentalisiert war, zeigt auch die schroffe Zurückweisung von Positionen deutschnationaler und demokratischer Autoren durch den konservativen Publizisten Friedrich von Gentz: «Die Fürsten und ihre Minister, und ihre Feldherren, die an ihren Ratschlägen Theil hatten, haben das Größte verrichtet. Sie haben gethan, was alle Volksredner und Pamphletschreiber der Welt und Nachwelt ihnen nicht streitig machen können. [...] Sie haben den Krieg vorbereitet, gegründet, geschaffen. Sie haben mehr als dieses gethan: sie haben ihn auch geleitet, genährt und belebt. [...] Die, welche heutiges Tages in jugendlicher Vermessenheit wähnen, sie hätten den Tyrannen gestürzt, hätten ihn nicht einmal aus Deutschland getrieben.»

Nach den harschen Demonstrationen obrigkeitlich-reaktionärer Machtpolitik traten an die Stelle deutsch-nationaler und politisch liberaler Feiern andere Formen der Erinnerung. Beispielsweise als inszenatorische Schwundstufe der emphatischen Feiern die traditionelle Form herkömmlicher Dankesgottesdienste und Begräbnisfeiern, von Glockengeläut der Kirchen am Jahrestag der Völkerschlacht, von Veteranenvereinen, die gegründet wurden und Kriegerbegräbnisse organisierten, und von Umzügen, an denen sich Männer in Landwehruniformen beteiligten. Allmählich bemächtigten sich auch Schulgeschichtsbücher und Memoirenliteratur der Erinnerung an die großen Zeiten.

Die hochfliegenden Pläne Arndts, ein großes Denkmal zur Erinnerung an die Schlacht bei Leipzig zu stiften und zu errichten, ließen mit ihrer Realisierung auf sich warten, wie das immer bei solchen Projekten ist. Erste Entwürfe entstanden sehr schnell, waren eher phantastisch und auch kaum realisierbar. Der Karlsruher Architekt Friedrich Weinbrenner plante, auf eine Festung, die mit Schlachtengemälden geschmückt sein sollte, einen Würfel und darauf eine Pyramide zu setzen. Auf diese sollte wiederum die preußische Quadriga gestellt werden, die Napoleon 1806 in einem Akt des Kunstraubes und der symbolischen Machtdemonstration nach Paris hatte entführen lassen und die 1814 dort von preußischen Truppen zurückerobert worden war. Der Dichter August Kotzebue wollte unter dem Motto «germanisch versus romanisch» die Erinnerung an die Völkerschlacht mit der Völkerwanderungszeit in Verbindung bringen und einem seinerzeit aktuellen teleologischen Geschichtsbild Ausdruck verleihen. Eine seit Römerzeiten im Odenwald lagernde Granitsäule sollte auf dem Schlachtfeld bei Leipzig aufgestellt werden: Die Säule sei «von den ersten Unterjochern der Deutschen» verfertigt und werde nun «zur Erinnerung über die letzten Unterjocher der Deutschen» zum Denkmal erhoben.

Die Denkmäler, die schließlich realisiert wurden, waren dagegen in ihren geschichtspolitischen Aussagen realitätsbezogener, weil dynastisch orientiert und Ausdruck der Verehrung des jeweiligen Herrschers. Das neogotisch, gusseiserne Kreuzberg-Denkmal in Berlin, das nach Plänen von Karl Friedrich Schinkel geschaffen und 1821 eingeweiht wurde, wird von einem Eisernen Kreuz gekrönt und besitzt einen kreuzförmigen Grundriss. Statuen erinnern an Ort und Tag der Schlachten der Befreiungskriege – angefangen bei Großgörschen (2. Mai 1813) über Leipzig (18. Oktober 1813) bis hin zu Belle Alliance (d. h. Waterloo, 18. Juni 1815). Die Widmungsinschrift gibt dem Denkmal seinen geschichtspolitischen Sinn: «Der König dem Volke, das auf seinen Ruf hochherzig Gut und Blut dem Vaterlande darbrachte.» Auch die Befreiungshalle bei Kelheim an der Donau, vom bayerischen König Ludwig I. gestiftet und nach Plänen von Friedrich von Gärtner als Zentralbau mit einer großen Kuppelhalle 1863 eingeweiht, ist ein Denkmal des Fürstenstaates, und zwar diesmal in seiner föderalistischen Ausformung. Es verweist mit seinen Siegesgöttinnen in Erinnerung an die Befreiungskriege auf die deutschen Bundesstaaten, die altertümlich als Stämme bezeichnet werden und die sich in symbolischer Eintracht die Hände reichen. Die kleineren Mahnmale für die Preußen, die auf den Schlachtfeldern von Großgörschen, Großbeeren, Haynau, an der Katzbach und bei Dennewitz gefallen waren, trugen Inschriften, die ebenfalls König und Vaterland in das Zentrum der Erinnerung rückten.

Ein Denkmal für die Freiheit und Einheit der Nation war hingegen nach dem Wiener Kongress und auch nach der Revolution von 1848 politisch nicht erwünscht und wohl auch nicht realisierbar. Nicht nur Ernst Moritz Arndt beklagte das immer wieder. Was der Maler Caspar David Friedrich, auch er ein radikaler Patriot, bereits 1814 voller Enttäuschung und auch Selbstkritik an Arndt schrieb, sollte für das ganze Jahrhundert Gültigkeit besitzen: «Ich wundere mich keineswegs, dass keine Denkmäler errichtet werden, weder die, so die große Sache des Volkes bezeichnen, noch die hochherzigen Taten einzelner deutscher Männer. – Solange wir Fürstenknechte bleiben, wird auch nie Großes der Art geschehen.» Caspar David Friedrich fand in seinen Bildern, in denen immer wieder, wenn auch eher versteckt, Symbole und Erinnerungszeichen an die Völkerschlacht auftauchten, eine angemessene Form des Erinnerns. Andere Maler wie Georg Friedrich Kersting und Otto Donner von Richter haben mit ihren Gemälden auf die Macht der Bilder gesetzt, und ihrem Helden Theodor Körner auf diese Weise ein Denkmal errichtet. Kersting, ein Freund Friedrichs, der nur dank der materiellen Unterstützung Körners als Oberjäger im Jägerdetachement der Lützower an den Freiheitskriegen hatte teilnehmen können und auch mit dem Eisernen Kreuz ausgezeichnet wurde, hat in seinem romantisch gestimmten Bild von 1815 «Theodor Körner auf Vortrupp» den Freund mit zwei anderen Lützower Jägern nicht auf dem Schlachtfeld, sondern auf einer Rast in einem symbolisch besetzten Raum, einer Waldlichtung, eine Pfeife rauchend – dem Symbol des freien Mannes – dargestellt und damit den bürgerlichen Wertehimmel einbezogen, der für die Freiheitskämpfer maßgebend war. Später hat Otto Donner von Richter mit dem Bild «Die Lützower an der Leiche Theodor Körners» von 1847 an den bürgerlichen Helden der Freiheitskriege erinnert, der sein Leben für die Sache von Freiheit und Nation geopfert hatte.

Sicherlich gab es noch andere, weniger spektakuläre Formen der Erinnerung, wie sie sich noch in den 1820er Jahren in der ritualisierten Praxis der Turner und Burschenschaftler in ihren Vereinen und bei ihren Festen entfalteten, doch erreichten diese Repräsentationen der Erinnerung kaum den öffentlichen Raum und erlangten nicht jene Sichtbarkeit, derer eine politische Kultur bedarf.

Der Arzt und Burschenschafter Alexander Pagenstecher erinnerte sich darum aus der Perspektive der 1820er Jahre voller Resignation: «Das Gefühl einer vaterländischen Politik [war] schlafen gegangen, die Erinnerung an die Befreiungskriege, in den höchsten Regionen schon lange mißliebig, war auch im Volke in den dunkelsten Hintergrund getreten. Nur auf den Universitäten, bei den Epigonen der alten Burschenschafter, wird noch die Kultur der deutschen Einheit und Freiheit, hier und da, im Geheimen getrieben.»

Dass nationale Mythen in ihren Erzählungen, ihren Bildern und Ritualen von einer starken Kontinuität geprägt sind, aber in ihren Inhalten, Vorstellungen und Umfeldern signifikante Veränderungen zeigen können und somit auch Ausdruck historisch-politischer Entwicklungen sind, zeigen die Formen der Erinnerungen an die Völkerschlacht in der zweiten Hälfte des 19. Jahrhunderts bis hin zu den Centenarfeiern im Oktober 1913. Mit ihnen sollte auch das lange 19. Jahrhundert an sein Ende kommen. Die Erinnerung an die Völkerschlacht wurde seit den 1860er Jahren von den Einigungskriegen überlagert und neu definiert, und sie wurde mit der wachsenden Polarisierung der deutschen Gesellschaft vielgestaltiger und auch widersprüchlicher.

Beim fünfzigsten Jahrestag der Schlacht hatte sich die politisch-kulturelle Landschaft deutlich verändert. Die Erinnerung stand im Zeichen des preußischen Verfassungskonfliktes und zeigte ein wesentlich selbstbewussteres Bürgertum. Die Erinnerung an den nationalen Mythos von 1813 erhielt eine sehr aktuelle politische Bedeutung, denn es ging in der Auseinandersetzung mit der preußischen Regierung darum, die Rücknahme der Heeresreformen von 1813/14 zu verhindern. Die liberale politische Opposition befürchtete eine Entbürgerlichung des Heeres, deren Symbol die Landwehr war. Neben der Freiheit forderte das liberale Bürgertum mit seinen Vereinen und Parteien auch die nationale Einheit ein, nachdem die nationale Frage durch den Konflikt um Schleswig-Holstein wieder auf der Tagesordnung war.

Ausdruck des neuen Selbstbewusstseins und der Organisationsleistung des liberalen Bürgertums war die Zentralisierung der politischen Willensbildung. Das «aufgeklärte und patriotische Bürgertum von ganz Deutschland» sollte sich, nach dem Willen eines Wortführers, in Leipzig treffen, «um gemeinsam

Hand anzulegen an den Bau deutscher Freiheit und Selbständigkeit». Zeitgleich fand die vierte Generalversammlung des «Nationalvereins» in Leipzig statt. Die Messe-Stadt wurde zum Schauplatz einer Art «politischer Messe», wie es Gustav Freytag stolz formulierte. Die Erinnerungsfeiern in Leipzig nahmen Formen der Inszenierung auf, wie sie sich seit 1813/14 ausgebildet hatten. Festgottesdienste in den Kirchen aller Religionsgemeinschaften fanden statt, vor allem aber eine große musikalische Feier auf dem Marktplatz mit mehr als 25 000 Menschen. Es wurden Lieder der Befreiungskriege vorgetragen. Die Feier wurde mit einem Dankchoral abgeschlossen. Ein Fackelzug am Abend sollte die Zusammengehörigkeit aller Teilnehmer versinnbildlichen. Am folgenden Tag, dem 19. Oktober, fand ein bürgerlicher Festumzug statt, in dem sich nationale Vereine und Berufsorganisationen darstellten; Veteranen aus der Völkerschlacht nahmen in offenen Wagen am Zug teil und wurden als lebendige Zeugen eines großen Ereignisses geehrt. Schließlich wurde am Ende des Zuges die große Idee eines Denkmals, wie sie schon vor fünfzig Jahren thematisiert worden war, aufgegriffen und durch eine Grundsteinlegung außerhalb der Stadt symbolisch in Angriff genommen. In seiner Ansprache zur Grundsteinlegung des Völkerschlachtdenkmals griff der Leipziger Bürgermeister die zentralen Elemente der Erinnerungsrhetorik und Sinnstiftung auf, die mit der Völkerschlacht von Anfang an verbunden waren, und machte sie zu einer politischen Verpflichtung für die Zukunft: das Erwachen eines nationalen Bewusstseins, die Proklamation der großen nationalen Ziele und schließlich der «endliche Sieg des deutschen Volks im Ringen nach nationaler Macht und Größe, Einheit und Freiheit des heißgeliebten deutschen Vaterlandes». Neben die Forderung der Einheit und Freiheit nach außen trat der energische Wunsch nach Freiheit im Inneren; das spiegelte die innenpolitische Situation des preußischen Verfassungskonflikts; man sprach damit an, was 1813/14 noch nicht sagbar war. Nicht nur in Leipzig, sondern landauf und landab, wo immer die Erinnerung an die Völkerschlacht 1863 begangen wurde, stand die politische Innensicht, die Sicherung der Freiheit, im Mittelpunkt und wurde als historisch-moralisch notwendige Vollendung dessen gerechtfertigt und gefordert, was die Väter 1813 begonnen hätten.

Dass die Forderung nach Freiheit auf eine immer breitere soziale und politische Partizipation angelegt war und diese rechtfertigen konnte, wurde ebenfalls anlässlich des 50. Jahrestags der Völkerschlacht erkennbar. Louise Otto-Peters und ihre Mitstreiterinnen der entstehenden bürgerlichen Frauenbewegung nutzten 1863 die Erinnerung an den Freiheitskrieg und die in Leipzig in Verbindung mit 1813 vertretenen Forderungen nach Verwirklichung der Freiheit dazu, nun ihrerseits die Emanzipation der Frauen zu fordern und am 18. Oktober ebenfalls in Leipzig den Allgemeinen Deutschen Frauenverein zu gründen.

Die Erinnerung an die Völkerschlacht ließ sich in den unterschiedlichsten Phasen der Nationalisierung und Liberalisierung bzw. Demokratisierung als historisches Argument nutzen. Das sollte sich auch 1913 zur Hundertjahrfeier zeigen, aber auch bei historischen Ereignissen, die nicht in den Jubiläumskalender passten. Dafür galten sie den Akteuren als Vollendung des nationalen Befreiungs- und Einigungswerkes von 1813 und als Bestätigung eines teleologischen, nationalen Geschichtsbildes. War ein historischer Brückenschlag zwischen den Einigungskriegen von 1864 und 1866 argumentativ noch schwierig, so ließ sich der 1871 umso leichter bewerkstelligen, als mit dem Deutsch-Französischen Krieg wieder ein Krieg der nationalen Einheit und wieder gegen den «Erbfeind» Frankreich bzw. gegen einen bonapartistischen Herrscher geführt und siegreich beendet worden war. Als die siegreichen Truppen wieder zu Hause in Berlin zur Siegesparade einrückten, verkündete Wilhelm I. stolz, dass die Deutschen «auf den Grundlagen weitergebaut [hätten], welche 1813 [...] gelegt worden sind».

Argumentativ ließ sich die Verbindung zwischen 1813 und 1871 auch noch 1913 im Rückblick leicht herstellen: «Leipzig [...] war das Sedan des ersten Napoleon, hier erwachsen die Grundsätze, auf die nachher der im Kampfe gegen den letzten Napoleon entstandene, machtvolle deutsche Einheitsstaat gegründet wurde». Doch «die Erinnerung an den Sieg von Sedan hatte», wie Kirstin Schäfer feststellt, «die Erinnerung an die

Schlacht von Leipzig verdrängt.» Der Tag von Sedan, der 2. September, wurde hinfort als Nationalfeiertag begangen, nicht der Tag des Sieges von Leipzig. Denn die Forderung nach Einheit, die seit 1814 eine gewaltige politische und emotionale Mobilisierungskraft entfacht hatte, war inzwischen gelöst, und die Forderung nach Freiheit hatte für Teile des nationalen Bürgertums längst ihre Kraft und Attraktivität verloren, bot das Kaiserreich doch einen soliden Schutz gegen die Ansprüche anderer mächtiger Emanzipationsbewegungen wie der Arbeiterbewegung, die im Kaiserreich zur Massenbewegung geworden war. Darum war die Feier von Kaisers Geburtstag ebenso populär wie die Feier des Sedan-Tages. Für eine jüngere Generation, die im Nationalstaat des Kaiserreichs groß geworden war, verloren beide Erinnerungstage ihre identitätsstiftende Kraft und sie wurden von der Erinnerung an die Reichsgründung, also der Vollendung des Einigungsprozesses, schließlich verdrängt.

Um die allmählich verblassende Erinnerung an die Völkerschlacht wieder zu beleben, gründete sich 1894 ein «Deutscher Patriotenbund zur Errichtung eines Völkerschlacht-Nationaldenkmals» und betrieb energisch die Realisierung des mehrfach entwickelten Planes, auf dem ehemaligen Schlachtfeld ein Denkmal zu errichten, das auch jene Monumentalität besitzen sollte, die Ernst Moritz Arndt schon 1814 für solch ein Denkmal gefordert hatte. Mit einem feierlichen Spatenstich am 18. Oktober 1898 wurde der Bau begonnen, der mit einer großen Spenden- und Lotterieaktion nicht nur finanziell gefördert wurde. Die Spenden waren auch Ausdruck eines Bürgerwillens und der Verankerung des Denkmalbaus im sozialen Raum der Stadt und darüber hinaus. Pünktlich zur Hundertjahrfeier der Völkerschlacht war das Denkmal fertig und wurde mit einer pompösen nationalen Feier von Monarchie und Bürgertum gemeinsam eingeweiht.

Das Völkerschlachtdenkmal, mit seinen 91 Metern Höhe, war ein imposantes Zeugnis eines Architektur- und Kunstverständnisses, das nicht länger Könige und Helden, Dichter und Denker als Voll- oder Reiterfigur auf einen Sockel stellte, sondern durch die Monumentalität seiner Bauformen die Macht-

Abb. 12: Das Völkerschlachtdenkmal – Foto 2011

fülle und Geschlossenheit der nationalen Volksgemeinschaft repräsentieren wollte. Zur historischen Begründung dieser Ordnung griff man auf die germanische Sagenwelt zurück und stellte damit eine Identitätskonstruktion vor, die scheinbar unerschütterlich, weil vor aller Geschichte stehend, einen zeitlos gültigen Mythos bekräftigen und repräsentieren wollte. Die zeitgenössische Presse sprach von einem «Heldenmal aus zyklopischen Mauern», das nun der Erinnerung an die Völkerschlacht einen materiellen Ort geben konnte, der in seiner Verbindung von Modernität der Architektursprache und eingebauten Technik einerseits und der Archaik seiner Bildwelten andererseits ein Abbild der historischen Ungleichzeitigkeit des Kaiserreichs und vor allem ein starres, unverrückbares Symbol radikal-nationalistischer Identität sein sollte.

Auch wenn die monumentale Architektur des Denkmals, das von Bruno Schmitz, dem Architekten des Kyffhäuser-Denkmals und verschiedener Kaiser-Wilhelm-Denkmäler entworfen wurde, den Anspruch von Einmütigkeit und Stärke vermitteln sollte, waren im Jahre 1913 die Risse und Gegensätze in der realen Volksgemeinschaft, die der Koloss symbolisieren sollte, unübersehbar, und das war schon bei der Eröffnungsfeier zu beobachten. Wilhelm II., der zusammen mit vielen deutschen Fürsten zur Denkmalseinweihung angereist war und mit viel Pomp empfangen wurde, schwieg bei der Einweihungsfeier, obwohl das sonst nicht seine Art war. Offenbar missfiel ihm der Geist des Denkmals, und er hatte Jahre zuvor mit der Siegesallee in Berlin bereits ein Gegenstück geschaffen, das die dynastische Geschichtsdeutung sichtbar machte, wie sie seine Vorgänger bei den Dank- und Siegesfeiern aus Anlass der Erinnerung an die Völkerschlacht formuliert hatten. Der Vorsitzende des «Patriotenbundes» und Hauptredner der Einweihungsfeier in Leipzig brachte dagegen das bürgerliche Verständnis von einem Denkmal für das Volk zum Ausdruck: «Wohlan! Hier steht der zu Stein gewordene Wille des Volkes, das sichtbare Zeichen der Dankbarkeit gegen Gott und unsere Heldenväter für unsere Freiheit und unser nationales Sein! Gewaltiger Zeiten gewaltiges Zeichen – den gefallenen Helden ein Ehrenmal – dem deutschen Volk ein Ruhmesmal, kommenden Geschlechtern ein Mahnzeichen. [...] So hat das deutsche Volk sein Denkmal für die Befreiung aus großer Not sich selbst zur Ehre errichtet.» Fürsten und Könige hatten in dieser Erinnerung an die Völkerschlacht und in dieser Begründung einer großen nationalen Zukunft wenig Platz. Es war die martialische Nation, die sich hier allein feierte und ihr Verständnis von den Ursprüngen der Nation im Krieg in steinerner Monumentalität zum Ausdruck brachte. Kaiser Wilhelm verließ darum den Ort eine Stunde früher als geplant.

Dass dieses neue nationale Zeitalter auch ein Zeitalter des Massenmarktes sein würde oder schon war, zeigte die Inszenierung der Einweihung, die mit einem mehrtägigen Massenspektakel begangen wurde. Ein Staffellauf wurde organisiert, der auf seinem Weg alle Erinnerungsorte der Kämpfe der Befreiungskriege berührte. Ein reger Souvenirhandel popularisierte das Geschichtsverständnis des monarchischen Reiches und des neuen Reichsnationalismus. Der marxistische Historiker Franz Mehring, der in seinen Publikationen von 1913 ausdrücklich gegen die Geschichtslegenden vorging, die er bei Jubiläumsfeiern zu erkennen meinte, spießte den nationalen Kitsch auf, um den nach seiner Meinung falschen Umgang mit der Geschichte zu kritisieren: «Taschentücher mit eingedruckten, eingewebten, eingestickten Völkerschlachtdenkmälern. Unterh- ... Verzeihung, das darf man nur sehen, nicht schreiben [...].»

Doch nicht nur die sozialistische Arbeiterbewegung, deren Historiker Mehring war, blieb den Feierlichkeiten fern, sondern auch die jüngste soziale Emanzipationsbewegung des Kaiserreichs, die vor gerade einmal zehn Jahren begründete Jugendbewegung des Wandervogels, die sich 1913 mit verschiedenen Lebensreformgruppen zur Freideutschen Jugend zusammenschloss. Ihre große Alternativveranstaltung fand in der Einsamkeit der nordhessischen Mittelgebirge auf dem Hohen Meißner statt, dort wo Frau Holle nach den Erzählungen der Brüder Grimm ihre Heimat hatte. Denn nicht nur die Massenbewegung der Arbeiterschaft fühlte sich trotz aller Integrationsversuche gerade der letzten Jahre vor 1913 ausgeschlossen, sondern auch die Repräsentanten einer jungen, meist bildungsbürgerlichen Generation, die eine deutliche Nähe zu der alternativen Lebensreformbewegung der Reformpädagogen, Verleger, Schriftsteller, Künstler, Abstinenzler und Vegetarier verspürten. Ihre entstehende soziale Kulturbewegung, die die bürgerliche Welt von innen heraus verbessern wollte, bildete ein Indiz dafür, wie groß und heftig die Verwerfungen innerhalb der bürgerlichen Gesellschaft in einer Periode rasanter Industrialisierung und Urbanisierung mittlerweile waren. Man versammelte sich auf Einladung des Verlegers Eugen Diederichs zunächst zu einem Vortreffen in Jena, wo man über den Ort und das Programm sowie das Selbstverständnis der Alternativveranstaltung zum Leipziger Fest des Hurra-Patriotismus stritt. Unbestritten war auch unter den Alternativen die historische Bedeutung des 18. Oktober 1813, der dann auch in allen Festansprachen auf dem Meißner als «große Zeit vor hundert Jahren» immer wieder thematisiert werden sollte, um daraus – ganz wie es die Erwachsenen taten – die Forderung nach einer besser gestalteten nationalen Zukunft abzuleiten. Uneinig war man sich, ob man ein «Kulturfest» in Weimar oder Jena feiern sollte, um dann mit einem Sonderzug nach Leipzig zu fahren, oder ob man ein «Naturfest» feiern sollte; und dabei kam man auf den Hohen Meißner bei Kassel, der von einem Mitglied der studentischen «Deutschen Akademischen Freischar», Christian Schneehagen, als ruhiger und schöner Ort, ohne «großen Zulauf von Fremden», fast als ein heiliger Berg, angepriesen wurde. Es war das Aufbegehren einer sensiblen Jugendgeneration, die meinte, in der Welt der Erwachsenen keinen angemessenen Platz und keine Beachtung zu erhalten. Das kam in dem programmatischen Aufruf zum Ausdruck, mit dem man auf den Meißner einlud: «Die deutsche Jugend steht an einem geschichtlichen Wendepunkt. Die Jugend, bisher aus dem öffentlichen Leben der Nation ausgeschaltet und angewiesen auf die passive Rolle des Lernens, auf eine spielerisch-nichtige Geselligkeit und nur ein Anhängsel der älteren Generation, beginnt sich auf sich selbst zu besinnen. Sie strebt nach einer Lebensführung, die jugendlichem Wesen entspricht, die es ihr aber zugleich auch ermöglicht, sich selbst und ihr Tun ernst zu nehmen und sich als einen besonderen Faktor in die allgemeine Kulturarbeit einzugliedern.» Das Fest, das schließlich am 11. und 12. Oktober auf dem Hohen Meißner mit mehreren tausend Teilnehmern gefeiert wurde, war das Fest einer Gegenbewegung, die sich aus erwachsenen Reformbewegten und Jugendlichen – nicht ganz spannungsfrei – zusammensetzte. Man wanderte bei regnerischem Herbstwetter auf den kahlen, nebligen Berg, kochte gemeinsam an offenen Feuerstellen, traf sich zum Singen und Tanzen, zu Theateraufführungen und zu Reden. Am Ende wurde die Meißnerformel begeistert angenommen, das Manifest einer kulturellen Erneuerungsbewegung, das die Erinnerung an die Völkerschlacht nutzte, um ihre Vorstellungen von Freiheit und Selbstverwirklichung zu formulieren: «Die Freideutsche Jugend will aus eigener Bestimmung, vor eigener Verantwortung, mit innerer Wahrhaftigkeit ihr Leben gestalten.»

Was sich bei den verschiedenen, teilweise konträren Erinnerungsfeiern im Oktober 1913 abzeichnete, wurde nach den politisch-ideologischen Mobilisierungen und Katastrophen des Ersten Weltkriegs zur dominanten politisch-kulturellen Wirklichkeit für fast das gesamte 20. Jahrhundert. Die Erinnerung auch an die Völkerschlacht war nun eindeutig an die Zugehörigkeit zu bestimmten politischen Lagern gebunden und folglich tief gespalten. Das Völkerschlachtdenkmal in Leipzig wurde fortan vor allem zum Wallfahrtsort der politischen Rechten, die dort ihren Totenkult inszenierte und zelebrierte. Stahlhelm, Jungdeutscher Orden, Kyffhäuserbund, aber auch politische Parteien der nationalen Rechten gedachten dort der toten Helden und nannten den 18. Oktober einen «Tag der Hoffnung neuen Aufstiegs» und einen «Appell an die Einigkeit». Beim Reichskriegertag 1925 versammelten sich vor dem Völkerschlachtdenkmal rund 100 000 Teilnehmer. Das Denkmal wurde zum Ort der nationalen «Sammlung», der sich zum propagandistisch wirkungsvollen Angriff auf die demokratische Ordnung der Weimarer Republik eignete. Auch die Reichswehrführung griff gerne rhetorisch auf die Befreiungskriege von 1813 zurück, wenn es zum Kampf gegen den Versailler-Vertrag und die französische Besatzungsmacht im Ruhrgebiet ging. Die Nationalsozialisten konnten an diesen Erinnerungskult mühelos anknüpfen und integrierten die Erinnerung an die Leipziger Schlacht und das Leipziger Denkmal in ihr umfangreiches Programm politischer Inszenierungen, in das alle politischen Rituale aufgenommen wurden, die einen Mobilisierungs- und Integrationseffekt versprachen. Auch wenn die Völkerschlacht im nationalsozialistischen Fest- und Erinnerungskalender keinen eigenen Platz besaß, wurde sie doch gerne benutzt, wenn es um die Versinnbildlichung der Volksgemeinschaft ging. Zum 125. Jahrestag der Völkerschlacht im Jahre 1938, an die man mit einem «sakralen Ritus» (Schäfer) mit Fackelzug und Heldenehrung vor dem Denkmal erinnerte, stellte man den Nationalsozialismus auch in die Tradition dieses Ereignisses und erklärte sich zu den Erben und Vollendern von 1813. Hitler zog in einer Ansprache vor SA-, SS- und Stahlhelmmännern im Juli 1933 vor dem Leipziger Denkmal eine in dem Verhältnis von Führerschaft und Masse begründete historische Kontinuitätslinie von 1813 zu 1933, freilich in einer sehr viel größeren und politisch-ideologisch viel radikaleren Dimension: «Heute führen wir nicht mehr 13 oder 17 Millionen, sondern das ganze Volk, und deshalb erwächst uns die gigantische Aufgabe, die Millionen Menschen, die innerlich noch nicht zu uns gehören, zu Soldaten des Dritten Reiches, zu Soldaten unserer Weltanschauung zu machen.»

Die Monumentalität des Völkerschlachtdenkmals bot offensichtlich die Chance, dem nationalsozialistischen Ziel der Massenmobilisierung, die auf Selbstgleichschaltung und Zwang beruhte, einen pseudo-sakralen Rahmen zu geben. Auch Himmler ließ die Gelegenheit nicht aus, während des Krieges den Landsturm mit dem Volkssturm gleichzusetzen und das historische Beispiel von 1813 für die Zwecke des totalen Krieges und des letzten Aufgebotes des kapitulationsunwilligen Regimes zu missbrauchen.

Die Instrumentalisierbarkeit von historischer Erinnerung durch eine moderne Diktatur wurde auch in der zweiten Nachkriegszeit geprobt, um den politisch-ideologischen Zielen des

DDR-Regimes eine historische Rechtfertigung zu liefern. Die Propagandisten der SED erklärten die DDR zur Erbin der deutschen Volksbewegung der Freiheitskriege, nicht ohne diese ganz nach dem marxistischen Geschichtsbild in die größere Kontinuität von Befreiungs- und Volksbewegungen seit den Bauernkriegen zu stellen. Zwar musste man diese Konzeption, die anfangs auch zur Rechtfertigung einer gesamtnationalen Volksbewegung diente, die von der DDR ausgehen sollte, zurückstellen bzw. modifizieren, als die SED es seit den 1970er Jahren für ratsamer hielt, sich auf die Zwei-Staaten-Theorie zurückzuziehen. Doch behielt die Erinnerung an die Völkerschlacht einen hohen Stellenwert in der Geschichtspolitik der DDR und besonders auch ihrer «Nationalen Volksarmee», weil die Erinnerung an die Bündnispolitik Preußens mit Russland im Jahre 1813 sich eignete, um die Rolle der Roten Armee und der sowjetischen Hegemonial- und Besatzungsmacht als Fortsetzung der Waffenbrüderschaft von einst in jährlichen Appellen und Paraden vor dem Völkerschlachtdenkmal zu feiern. Noch zum 175. Jahrestag der Völkerschlacht im Oktober 1988 deutete Volkskammerpräsident Horst Sindermann die Schlacht von 1813 als Sieg des «Rechts über das Unrecht» und feierte die Völkerschlacht als «Sieg des Volkes».

Als ein Jahr später die Oppositionsbewegung der DDR gerade in Leipzig mit der Parole «Wir sind das Volk» dem SED-Regime ein Ende bereitete bzw. tatkräftig daran mitwirkte, verlor nicht nur die parteioffizielle Erinnerungs- und Geschichtspolitik, die sich um die Völkerschlacht rankte, ihre Grundlage, sondern auch in der Erinnerungskultur des wiedervereinigten Deutschland verblasste die Erinnerung an 1813 völlig und wurde von anderen Erinnerungstagen verdrängt. Sie passte sich damit an die Erinnerungskultur der alten Bundesrepublik an, in der der Völkerschlacht von 1813 schon seit langer Zeit nur mehr geringe Bedeutung zukam. Darum bleibt das Gedenken an die Völkerschlacht inzwischen ein Aktivposten in der lokalen Leipziger Erinnerungs- und Kulturpolitik und demonstriert noch einmal, wie abhängig historische Erinnerung von politisch-kulturellen und mentalen Wechsellagen ist. Dies gilt umso mehr, als die Erinnerung an die Völkerschlacht lange Zeit von den Vertretern mittlerweile verblasster nationalistischer Deutungen und Instrumentalisierungen vereinnahmt war, die jene Vielschichtigkeit von Erinnerung auszublenden versuchten, die dieser immanent ist und heute unsere Geschichtskultur bestimmt.

8. Vom Ereignis zum Gegenstand historischer Deutung
Geschichte und Mythos der Völkerschlacht

Die Völkerschlacht war für mehr als ein Jahrhundert Gegenstand nationaler Mythenbildung und geschichtspolitischer Instrumentalisierung, die bis in die Begrifflichkeiten reichten. Ob die Völkerschlacht nun Teil und Höhepunkt von «Freiheitskriegen» oder «Befreiungskriegen» war, hat seit 1814 nicht nur die Zeitgenossen und Veteranen der Schlacht, sondern auch die Regisseure der öffentlichen Inszenierung der Dankes- und Siegesfeiern wie der öffentlichen Erinnerungsfeiern beschäftigt. Der semantische Streit stellte sich als ein politischer Streit um die Deutungsmacht heraus, als es gerade in den Zeiten der Restauration nach dem Wiener Kongress und in den 1820er Jahren darum ging, ob die Erinnerung an die Völkerschlacht zum Anknüpfungspunkt von oppositionellen Freiheitsbewegungen oder Gegenstand monarchischer Repräsentation und öffentlicher Regentenverehrung wurde bzw. blieb. Die Erinnerung an die Völkerschlacht wurde zum Gradmesser für die Schwankungen und Gegensätze in der politischen Kultur des deutschen Nationalismus und des Nationalstaates von 1814 bis 1945 oder, im Hinblick auf den Teilstaat DDR, bis 1989.

Das schrittweise Verblassen der Erinnerung an die Völkerschlacht, die in der Gegenwart nur noch ein besonderes lokalhistorisches Interesse hervorruft und im Gedenkjahr 2013 wohl mehr eine kulturpolitisch inspirierte und tourismusgeförderte Aufmerksamkeit auf sich ziehen wird, gibt der Geschichtswissenschaft die Möglichkeit, das Ereignis von 1813 1) in den europäischen und deutschen Kontext der Umbruchphase der Epoche der Französischen Revolution und Napoleons einzuordnen, 2) die Völkerschlacht sowie die Befreiungskriege als historische Ereignisse von ebenso weitreichender wie komplexer Bedeutung zu betrachten und sie dabei 3) von Überlagerungen durch Mythen- und Legendenbildung zu befreien.

Denn sicherlich waren die antinapoleonischen Kriege von 1812 bis 1815 keine Volkskriege, sondern vor allem Kabinetts- und Koalitionskriege in dem globalen Ringen zwischen Großbritannien und dem revolutionären Frankreich um die europäische Hegemonie. Sie waren aber zugleich Spiegel und Folge der zweiten militärischen Revolution, die mit den französischen Revolutionskriegen und vor allem den Kriegen Napoleons den Charakter des Krieges fundamental verändert haben. Waren sie doch zunächst und vor allem Kriege, in denen Massenheere aufeinanderprallten, die eine sehr viel größere und allgemeinere politisch-soziale Mobilisierung voraussetzten und während der Kampfhandlungen sehr viel tiefer auf das gesellschaftliche Gefüge der beteiligten Staaten und Gesellschaften mitsamt ihren Heimatfronten einwirkten. Die Massenheere, zusammen mit der Ideologisierung des Krieges, verlangten nach einer neuen Militärdoktrin. Das führte zur Vorstellung von einer offensiven Kriegführung mit dem Ziel, durch einen entscheidenden Schlag den Gegner zu vernichten. Auch in der Kriegführung der Völkerschlacht wurde dieses Ziel propagiert, auch wenn es noch häufig mit der älteren Doktrin einer Zermürbungsstrategie konkurrierte, die dem militärischen Gegner die Möglichkeit einräumte, rechtzeitig einen Waffenstillstand zu erwirken und seine Kräfte zu schonen.

Die Gewalt der offensiven Kriegführung, wie sie vor allem von Napoleon entwickelt wurde, traf nicht nur den militärischen Gegner, sondern erreichte auch die Zivilisten und ihre Lebensformen. Sie mussten Einquartierung und Requirierung, Plünderung und Raubaktionen erleben und ertragen, die einen Rückfall in die noch größere Barbarei älterer Formen des Krieges bedeutete. Diese Entfesselung kriegerischer Gewalt setzte den Versuchen einer Einhegung der Gewalt, wie sie im «kleinen Krieg» des 18. Jahrhunderts praktiziert wurde, in dem die Bellona gezähmt zu sein schien, ein Ende und erinnerte an die Vernichtungen und Verwüstungen des Dreißigjährigen Kriegs bzw.

Geschichte und Mythos der Völkerschlacht

nahm den totalen Krieg des 20. Jahrhunderts tendenziell bereits vorweg.

Die Massenheere, die in den napoleonischen Kriegen, besonders in der Leipziger Völkerschlacht, aufeinanderstießen und in dieser Dimension bis dahin unbekannt waren, verlangten nicht nur eine andere Form der Logistik und Versorgung, was das Ausplündern ganzer Landstriche zur Folge hatte, sondern sie führten auch zu Verlusten in bis dahin unbekannter Größenordnung. Zudem hatte die Brutalisierung des Krieges durch eine offensive Kriegführung mit den neuen Massenheeren dazu geführt, dass das einzelne Opfer nicht zählte und unversorgt auf dem Schlachtfeld zurückblieb; aber man war auch gar nicht auf die Versorgung dieser Unzahl von Verwundeten und Kranken vorbereitet, die infolgedessen zahlenmäßig auch die Masse der Opfer bildeten. Es ist ein schwacher Trost, dass die neuen Kriege, wie das bei der Völkerschlacht zu beobachten ist, auch eine neue Erinnerungskultur hervorbrachten, in deren Rahmen man kollektiv der Opfer gedächte, die damals in die Hunderttausend ging, und ihrem Leiden durch die Einbindung in eine nationale Opfer- und Heldenrhetorik einen Sinn zu geben sich bemühte.

Das hing auch mit dem Wandel der Kriegsdeutung und Kriegserfahrung zusammen, der ebenfalls mit der Französischen Revolution einsetzte. Krieg zu führen wurde zu einem Akt im vaterländischen Interesse überhöht, zum Mittel der Politik, zur zentralen Aufgabe der Eroberung und Sicherung von Freiheit und nationaler Einheit bzw. Identität stilisiert. Und die Soldaten wurden damit zu Verteidigern und Beschützern des Vaterlandes erhoben.

Die Ideologisierung des Krieges, die uns in den Revolutionskriegen und später begegnet, gewann nochmals besondere Züge, wenn der Krieg zum Befreiungskrieg erklärt wurde. Das galt für die Anfänge der Revolutionskriege 1792/93, das galt aber auch für die deutschen Befreiungskriege des Jahres 1813. Dadurch wurde die ideologische Verschränkung mit der Innenpolitik besonders eng. Eine zusätzliche Bedeutung erhielt die Idee vom Befreiungskrieg im Falle einer unvollendeten oder kaum begonnenen Nationsbildung, wie das für Deutschland in der spezifischen Situation nach dem Ende des Alten Reiches 1806 galt. Damals bot die Parole des Freiheitskrieges eine Möglichkeit der größeren politischen Mobilisierung durch die Einführung einer allgemeinen Wehrpflicht, aber sie erhielt zusätzlich eine revolutionäre verfassungspolitische Sprengkraft, vor der sich die Repräsentanten der alten monarchischen Ordnungssysteme fürchteten. Darum versuchten sie den Krieg in seiner Deutung auf einen Kabinettskrieg zurückzuführen, was zwar einerseits auch den Fakten entsprach, aber vor allem eine innenpolitische Kalmierung bzw. Restauration zur Folge hatte.

Von ähnlich weitreichender Bedeutung war die Tatsache, dass sich die Nationsbildung als Ideenbewegung wie später als soziale Bewegung in Deutschland nach begrenzten Anfängen seit dem späten 18. Jahrhundert während der Befreiungskriege intensivierte und sich damit im Zeichen einer allgemeinen Ideologisierung und Brutalisierung vollzog. Das führte dazu, dass Krieg und eine martialische Ideologie in ausgeprägter Form konstitutiv für die Ausbildung der nationalen Ideen und Bewegungen wurde. Der Hass auf Frankreich gehörte im Weiteren zur nationalen Rhetorik in Deutschland und wurde fester Bestandteil nationaler Deutungsmuster der Freiheitskriege, bis er im 20. Jahrhundert durch andere Feindbilder überlagert wurde.

Dass der Mobilisierungseffekt durch die Befreiungskriege beachtlich war und alle bisherigen Erfahrungen überstieg, zeigen verschiedene Indikatoren wie etwa die Entstehung von Freiwilligenverbänden, eine große Bereitschaft zu Akten der Wohltätigkeit (wie sie sich in Leipzig unmittelbar nach der großen Schlacht beobachten ließ) und die große Akzeptanz im Hinblick auf nationale Symbole und Deutungen; Letzteres erlaubte, das erlebte menschliche Leid, die ungeheuren Opferzahlen und die gewaltigen Schäden zu verarbeiten, welche die Völkerschlacht mit sich brachte, die ihrerseits sofort zum nationalen Mythos erhoben wurde. Die Wirkungsmacht dieses Mythos von der Völkerschlacht und des Befreiungskrieges erreichte breite Bevölkerungsschichten und zeichnete sich durch große Nachhaltigkeit aus, bis er sich im Laufe der zweiten Hälfte des 20. Jahrhunderts verbraucht hatte und durch neue Mythen ersetzt wurde.

Anhang

Literaturverzeichnis

[Ahlemann, Johann Daniel], Der Leipziger Todtengräber in der Völkerschlacht. Seine Erlebnisse bei der Erstürmung Leipzigs am 19. Oktober 1813 und die Greuel auf dem Gottesacker überhaupt. Ein Gedächtnisblatt zur 50-jährigen Erinnerungsfeier, Leipzig 1863.

Baecque, Antoine de, Imperiale Verletzungen, in: Savoy, Bénédicte/Potin, Yann (Hg.): Napoleon und Europa. Traum und Trauma. Ausstellungskatalog Bonn 2011, München u. a. 2011.

Bauer, Frank, Die Völkerschlacht bei Leipzig. Militärgeschichtliche Skizzen, Berlin 1988.

Berding, Helmut, Das geschichtliche Problem der Freiheitskriege 1813–1814, in: Karl Otmar Freiherr von Aretin/Gerhard A. Ritter (Hg.): Historismus und moderne Geschichtswissenschaft. Europa zwischen Revolution und Restauration 1797–1815. Drittes deutsch-sowjetisches Historikertreffen in der Bundesrepublik Deutschland München, 13.–18. März 1978, Stuttgart 1987, S. 201–215.

Börner, Karl Heinz (Hg.): Vor Leipzig 1813. Die Völkerschlacht in Augenzeugenberichten, Berlin 1988.

Carl, Horst, Der Mythos des Befreiungskrieges. Die «martialische» Nation im Zeitalter der Revolutions- und Befreiungskriege 1792–1815, in: Langewiesche, Dieter/Schmidt, Georg (Hg.) : Föderative Nation. Deutschlandkonzepte von der Reformation bis zum Ersten Weltkrieg, München 2000, S. 63–82.

Chandler, David G., The Campaigns of Napoleon, London 1967.

Clark, Christopher, Preußen. Aufstieg und Niedergang 1600–1947, München 2007.

Clark, Christopher, The Wars of Liberation in Prussian Memory: Reflections on the Memorialization of War in Early Nineteenth-Century Germany, in: Journal of Modern History, vol. 68, N. 3 (Sep. 1996), S. 550–576.

Echternkamp, Jörg, «Teutschland, des Soldaten Vaterland.» Die Nationalisierung des Krieges im frühen 19. Jahrhundert, in: Werner Rösener (Hg.): Staat und Krieg. Vom Mittelalter bis zur Moderne, Göttingen 2000, S. 181–203.

Ernst, Wolfgang, Monument, Transfer und Translation: Das deutsch-französische Gedächtnis der Leipziger Völkerschlacht, in: Comparativ. Leipziger Beiträge zur Universalgeschichte und vergleichenden Gesellschaftsforschung 1998, S. 183–206.

[Graf, Gerhard], Die Völkerschlacht bei Leipzig in zeitgenössischen Berichten. Zu einem Lesebuch zusammengestellt und erläutert von Gerhard Graf, Leipzig 1988.

Hagemann, Karen, «Männlicher Muth und Teutsche Ehre». Nation, Militär und Geschlecht zur Zeit der Antinapoleonischen Kriege Preußens, Paderborn 2002.

[Hoffmann, Karl], Des Teutschen Volkes feuriger Dank- und Ehrentempel oder Beschreibung wie das aus zwanzigjähriger französischer Sklaverei durch Fürsten-Eintracht und Volkeskraft gerettete Teutsche Volk die Tage der entscheidenden Völker- und Rettungsschlacht bei Leipzig am 18. und 19. Oktober zum erstenmal gefeiert hat. Gesammelt und herausgegeben von Karl Hoffmann, Offenbach 1815.

Hoffmann, Stefan-Ludwig, Mythos und Geschichte. Leipziger Gedenkfeiern der Völkerschlacht im 19. und frühen 20. Jahrhundert, in: Etienne François/Hannes Siegrist/Jakob Vogel (Hg.): Nation und Emotion. Deutschland und Frankreich im Vergleich. 19. und 20. Jahrhundert, Göttingen 1995, S. 111–132.

Huck, Stephan, Geschichte der Freiheitskriege, Potsdam 2004.

Klenke, Dietmar, Nationalkriegerisches Gemeinschaftsideal als politische Religion. Zum Vereinsnationalismus der Sänger, Schützen und Turner am Vorabend der Einigungskriege, in: Historische Zeitschrift 260 (1995), S. 395–448.

Langewiesche, Dieter, Nation, Nationalismus, Nationalstaat: Forschungsstand und Forschungsperspektiven, in: Neue politische Literatur 40 (1995), S. 190–236.

Leonhard, Jörn, Bellizismus und Nation. Kriegsdeutung und Nationsbestimmung in Europa und den Vereinigten Staaten, München 2008.

Lieven, Dominic, Russland gegen Napoleon. Die Schlacht um Europa, München 2011.

Lorenzen, Jan N., Die großen Schlachten. Mythen, Menschen, Schicksale, Frankfurt/New York 2006 (darin: 1813 – Die Völkerschlacht bei Leipzig, S. 101–140).

Mogge, Winfried/Reulecke, Jürgen, Hoher Meißner 1913, Köln 1988.

Nicklas, Thomas, 18. Oktober 1813: Blutige Selbstfindung einer Nation, in: Conze, Eckart/Nicklas, Thomas (Hg.): Tage deutscher Geschichte. Von der Reformation zur Wiedervereinigung, München 2004, S. 99–118.

Nipperdey, Thomas, Nationalidee und Nationaldenkmal im 19. Jahrhundert, in: Ders., Gesellschaft, Kultur, Theorie, Göttingen 1976, S. 133–173.

Nipperdey, Thomas, Deutsche Geschichte 1800–1866. Bürgerwelt und starker Staat, München 1983.

Pelzer, Erich, Die Wiedergeburt Deutschlands 1813 und die Dämonisierung Napoleons, in: Krumeich, Gerd/Lehmann, Hartmut (Hg.): «Gott mit uns». Nation, Religion und Gewalt im 19. und frühen 20. Jahrhundert, Göttingen 2000, S. 135–156.

Pohle, Hans, Oktober 1813. Die Völkerschlacht bei Leipzig, Leipzig 2003.

Literaturverzeichnis

Puschner, Uwe, 18. Oktober 1813: «Möchten die Deutschen nur alle und immer dieses Tages gedenken» – Die Leipziger Völkerschlacht, in: François, Etienne/Puschner, Uwe (Hg.): Erinnerungstage. Wendepunkte der Geschichte von der Antike bis zur Gegenwart, München 2010, S. 145–162.

Regling, Volker, Grundzüge der Landkriegführung zur Zeit des Absolutismus und im 19. Jahrhundert, in: Militärgeschichtliches Forschungsamt (Hg.): Deutsche Militärgeschichte in sechs Bänden 1648–1939, München 1983. Bd. 6. Abschnitt IX: Grundzüge der militärischen Kriegsführung 1648–1939, S. 11–412.

Richter, Friedrich, Historische Darstellung der Völkerschlacht bei Leipzig, Leipzig 1911 (Reprint Wolfenbüttel o. J.)

Rochlitz, Friedrich, Tage der Gefahr. Ein Tagebuch der Leipziger Schlacht, Leipzig o. J.

Schäfer, Kirstin Anne, Die Völkerschlacht, in: François, Etienne/Schulze, Hagen (Hg.): Deutsche Erinnerungsorte, Bd.II, München 2001, S. 187–201.

Schäfer, Karl Heinz, 1813 – Die Freiheitskriege in der Sicht der marxistischen Geschichtsschreibung der DDR, in: Geschichte in Wissenschaft und Unterricht Jg. 21. H. 1, Januar 1970, S. 2–21.

Schulze, Hagen, Staat und Nation in der europäischen Geschichte, München 1995.

Smith, Digby, 1813: Leipzig, Napoleon and the Battle of Nations, London 2001.

Thamer, Hans-Ulrich, «Freiheit oder Tod». Zur Heroisierung und Ästhetisierung von Krieg und Gewalt in der Ikonographie der Französischen Revolution, in: Kunisch, Johannes/Münkler, Herfried (Hg.): Die Wiedergeburt des Krieges aus dem Geist der Revolution. Studien zum bellizistischen Diskurs des ausgehenden 18. und beginnenden 19. Jahrhunderts, Berlin 1999, S. 75–92.

Thamer, Hans-Ulrich, La construction symbolique de la légitimité (Conférences annuelles de l'Institut historique allemande, 12), Ostfildern 2006.

Tulard, Jean, Napoleon oder der Mythos des Retters, Tübingen 2. Aufl. 1979.

Walz, Dieter, Sachsenland war abgebrannt. Leipziger Völkerschlacht 1813, Leipzig 2. Aufl. 1996

Weber, Ernst, Der Krieg und die Poeten. Theodor Körners Kriegsdichtung und ihre Rezeption im Kontext des reformpolitischen Bellizismus der Befreiungskriegslyrik, in: Kunisch, Johannes/Münkler, Herfried (Hg.): Die Wiedergeburt des Krieges aus dem Geist der Revolution. Studien zum bellizistischen Diskurs des ausgehenden 18. und beginnenden 19. Jahrhunderts, Berlin 1999, S. 285–326.

Willms, Johannes, Napoleon. Eine Biographie, München 2. Aufl. 2005.

Zamoyski, Adam, 1812. Napoleons Feldzug in Russland, München 10. Aufl. 2012.

Bildnachweis

Sämtliche Abbildungen: akg-images, Berlin
Abb. 1: Lithographie von August Haun, 1850
Abb. 2: Schabkunstblatt von Meyer, Berlin 1813
Abb. 3: Major Kretschmer, Naumburg an der Saale 1813
Abb. 4: Kupferstich, Leipzig 1817
Abb. 5: Nach Richard Knötel
Abb. 6: Radierung um 1880, von Revile nach François Martinet
Abb. 7: Georges Montorgeuil, Lithographie um 1900
Abb. 8: Holzstich, um 1830
Abb. 9: Zeitgenössische Radierung
Abb. 10: Holzstich nach einem Gemälde von Ludwig Braun, 1900
Abb. 11: Zeitgenössische Radierung
Abb. 12: akg/euroluftbild.de
Karte: Peter Palm, Berlin (nach CHANDLER, 1967, S. 877)

Personen- und Ortsregister

Der Name Napoleons wurde aus Gründen der Übersichtlichkeit nicht in das Register aufgenommen, ebenfalls nicht der Ortsname Leipzig.

Ahlemann, Johann Daniel 10, 51, 70, 82
Alexander I. Pawlowitsch Romanow, Zar 19–21, 28, 35, 69
Amiens 16 f., 18
Annaberg 49
Aspern 21
Arndt, Ernst Moritz 76, 88–95, 98 f., 104
Auerstedt 31, 90
Austerlitz 16, 79

Barclay de Tolly, Michail Bogdanowitsch, russischer Generalfeldmarschall 66
Bautzen 42, 46, 48
Beethoven, Ludwig van 88
Beauharnais, Eugène de, Stiefsohn Napoleons, Vizekönig von Italien 31, 47
Bennigsen, Levin August Graf von, russischer General 50, 64, 66
Berlin 25, 31, 44, 46, 75, 87, 95 f., 99, 103, 106
Bernadotte, Jean Baptiste, Marschall von Frankreich, seit 1810 Kronprinz von Schweden 43 f., 46–49, 54, 62, 64, 66
Berthier, Louis-Alexandre de, Marschall von Frankreich 22
Bertrand, Henri-Gratien Graf von, Generaladjutant Napoleons 59, 65 f.

Blücher, Gebhard Leberecht Fürst 31, 43 f., 46–49, 54, 59 f., 62, 64, 66, 69, 72, 77
Bonaparte, Jérôme, König von Westfalen 23
Bonaparte, Louis Napoléon, König von Holland 23
Borodino 28
Bunzlau 46
Bülow, Friedrich Wilhelm von, Generalleutnant 46 f.

Caulaincourt, Armand Augustin de 37
Clausewitz, Carl von 35, 48
Connewitz 52, 66, 69

Dennewitz 47, 99
Dessau 49
Diederichs, Eugen 108
Donner, Otto 100
Dresden 13 f., 16, 28, 31, 44, 46 f., 50
Dubern 54
Düben 50

Eilenburg 54
Eisenach 76
Erfurt 76
Essling 21
Eutritzsch 54

Fichte, Johann Gottlieb 30

Frankfurt am Main 76, 94
Franz I., Kaiser von Österreich 22, 39
Freytag, Gustav 102
Friedrich, Caspar David 99 f.
Friedrich August I., König von Sachsen 19, 31, 44, 70
Friedrich Wilhelm III., König von Preußen 8, 24 f., 29 f., 33, 35, 41, 88
Fulda 76

Gaffron-Kunern, Freiherr Hermann von 58
Gärtner, Friedrich von 99
Gentz, Friedrich von 92, 97
Girard, Jean Baptist Baron de 47
Gneisenau, August Graf Neidhardt von 7, 10, 13, 25, 41 f., 48, 73
Gross, Dr. 83
Großbeeren 46, 99
Großgörschen 42, 99
Güldengossa 57, 66
Goethe, Johann Wolfgang von 11
Gohlis 65
Görlitz 46

Hagelberg 47
Halle 49, 54, 75
Hamburg 31
Hanau 76
Haynau 99
Hechel, Johann Karl 85
Heeren, Hermann Ludwig 89
Hegel, Georg Wilhelm Friedrich 15
Hessen-Homburg, Friedrich Joseph Ludwig Erbprinz von, österreichischer General 66
Himmler, Heinrich 110
Holzhausen 66
Hußel, Ludwig 52, 83

Illyrien 13

Jahn, Friedrich Ludwig 41, 88
Jena 31, 58, 79, 90, 108

Kalisch 30, 36,
Katzbach 46 f., 99
Kelheim 99
Kersting, Georg Friedrich 100
Kleinzschocher 66
Koblenz 77
Körner, Theodor 33, 89, 100
Kotzebue, August von 98
Krug, Traugott 30
Kulm 47
Kutusow, Michail Illarionowitsch 28, 35, 39

Liebertwolkwitz 55–57, 59, 63, 66
Lindenau 66, 69
Ludwig I., König von Bayern 99
Ludwig XIV., König von Frankreich 19
Ludwig XV., König von Frankreich 26
Ludwig XVI., König von Frankreich 26
Lützow, Ludwig Adolf Wilhelm 33

Macdonald, Etienne Jacques Joseph Alexandre, Herzog von Tarent, Marschall von Frankreich 47, 66, 70
Madrid 22
Magdeburg 31
Mannheim 77
Marengo 16
Markkleeberg 55, 66
Markranstadt 54
Marie-Louise von Österreich, Kaiserin von Frankreich 17
Marmont, Auguste Fréderic Louis de, Herzog von Ragusa, Marschall von Frankreich 59, 62 f., 70

Personen- und Ortsregister

Martens, Christian von 84
Mehring, Franz 107
Merseburg 50
Merveldt, Maximilian Graf von, österreichischer General 64
Metternich, Clemens Wenzel Lothar Nepomuk Fürst, österreichischer Außenminister und Staatskanzler 8, 13 f., 16, 21, 36
Moskau 9, 28
Möckau 66
Möckern 54, 59–63, 65
Mölkau 66
Müffling, Karl von 9
Murat, Joachim, Großherzog von Berg, Marschall von Frankreich 50, 58, 66

Ney, Michel, Marschall von Frankreich 47, 59 f., 63, 66
Nollendorf 47

Ompteda, Ludwig Karl Georg Freiherr von, hannoverscher Diplomat 30
Otto-Peters, Louise 103
Oudinot, Charles-Nicolas, Herzog von Reggio, Marschall von Frankreich 46 f.

Pagenstecher, Alexander 100
Paris 29, 36, 98
Paunsdorf 66
Prag 39
Prendel, Victor von, Oberst 74
Probstheida 66 f., 69
Poniatowski, Josef Antoni Fürst von 70, 72

Radetzky, Josef Wenzel Graf von 39 f.
Reichenbach 40, 42
Reil, Dr. 81–83

Riemann, Karl Heinrich 96
Rochlitz, Friedrich 51 f., 73 f., 83 f.
Rödelheim 94
Röder, Hermann von 80
Röhrig, Johann Jakob 80 ff., 85

Sayn-Wittgenstein, Ludwig Adolph Peter Graf zu 46, 57
Scharnhorst, Gerhard Johann David von 25, 41
Schill, Ferdinand von 24 f.
Schinkel, Karl Friedrich 99
Schmalz, Anton Heinrich 97
Schmitz, Bruno 106
Schneehagen, Christian 108
Schönbrunn 21
Schönefeld 54, 66
Schwarzenberg, Karl Philipp Fürst zu 39, 43 f., 46–50, 55, 59, 64, 67, 69 f.
Seifertshain 55
Smolensk 28
Stein, Heinrich Friedrich Karl Reichsfreiherr vom, preußischer Staatsmann und Reformer 35, 73
Stralsund 24
Stötteritz 69
Széchny, István Graf 64

Talleyrand-Périgord, Alexandre-Edmond Herzog von 17
Taucha 53, 66
Tauroggen 29
Tilsit 17–20, 22, 24, 29, 34
Trachtenberg 40, 42
Trafalgar 17
Toll, Karl Wilhelm Graf von, russischer General 40, 55
Torgau 47

Vitoria 88

Wachau 59, 80

Warschau 19
Wartburg 96
Wartenburg 49
Waterloo 10, 99
Wagram 21 f.
Weimar 108
Weinbrenner, Friedrich 98
Weißenfels 54, 59, 65, 69, 76
Werder, Maria 65
Wien 21, 39, 88

Wilhelm I., preußischer König, später deutscher Kaiser 103
Wilhelm II., deutscher Kaiser 106
Wittenberg 47, 49
Wrede, Karl Philipp Graf von 76

Yorck von Wartenburg, Hans David Ludwig Graf von 29, 48, 63

Zuckelhausen 66

Militärgeschichte im Verlag C.H.Beck
Eine Auswahl

Volker Berghahn
Der Erste Weltkrieg
5. Auflage 2013. 120 Seiten mit 4 Karten. Paperback
C.H.Beck Wissen in der Beck'schen Reihe Band 2312

Leonhard Burckhardt
Militärgeschichte in der Antike
2008. 128 Seiten mit 8 Abbildungen und 2 Karten. Paperback
C.H.Beck Wissen in der Beck'schen Reihe Band 2447

Marian Füssel
Der Siebenjährige Krieg
Ein Weltkrieg im 18. Jahrhundert
2., durchgesehene Auflage. 2012. 128 Seiten mit 2 Abbildungen
und 6 Karten. Paperback
C.H.Beck Wissen in der Beck'schen Reihe Band 2704

Michael Howard
Der Krieg in der europäischen Geschichte
Vom Mittelalter bis zu den neuen Kriegen der Gegenwart
Aus dem Englischen von Karl Heinz Siber
2., aktualisierte und erweiterte Auflage. 2010. 224 Seiten. Paperback
Beck'sche Reihe Band 233

Gerhard Schreiber
Der Zweite Weltkrieg
5. Auflage 2013. 128 Seiten mit 4 Karten. Paperback
C.H.Beck Wissen in der Beck'schen Reihe Band 2164

Adam Zamoyski
1812
Napoleons Feldzug in Russland
Aus dem Englischen von Ruth Keen und Erhard Stölting
10. Auflage. 2012. 820 Seiten mit 60 Abbildungen und 24 Karten
Gebunden

Verlag C.H.Beck München

C.H.BECK ■ WISSEN
in der Beck'schen Reihe

Zuletzt erschienen:

- 2220: Friedrich, **Richard Wagners Opern**
- 2495: Gruner, **Der Deutsche Bund**
- 2516: Büttner: **Hieronymus Bosch**
- 2550: Arnold, **Die ägyptische Kunst**
- 2559: Zimmermann, **Die Kunst des 19. Jahrhunderts**
- 2573: Korn, **Die Moschee**
- 2574: Müller, **Die Kunst der Kelten**
- 2708: Krebernik, **Götter u. Mythen des Alten Orients**
- 2734: Soëtard, **Jean-Jacques Rousseau**
- 2735: Reinalter, **Joseph II.**
- 2736: Rödder, **Geschichte der deutschen Wiedervereinigung**
- 2737: Sarnowsky, **Die Johanniter**
- 2738: Schröder, **Johann Sebastian Bach**
- 2739: Wicke, **Rock und Pop**
- 2740: Zimmermann, **Pergamon**
- 2741: Reinhardt, **Die Borgia**
- 2742: Beck/Prinz, **Staatsverschuldung**
- 2743: Böhm, **Die Reformpädagogik**
- 2745: Patzold, **Das Lehnswesen**
- 2746: Hartmann, **Die Merowinger**
- 2747: Demandt, **Pontius Pilatus**
- 2748: Bierling, **Nelson Mandela**
- 2749: Sautter, **Die 100 wichtigsten Personen der Weltgeschichte**
- 2753: Faulenbach, **Geschichte der SPD**
- 2754: Gerhard, **Giuseppe Verdi**
- 2755: Houben, **Die Normannen**
- 2756: Karsten, **Geschichte Venedigs**
- 2758: Kreiser, **Geschichte der Türkei**
- 2759: Llanque, **Geschichte der politischen Ideen**
- 2761: Oltmer, **Globale Migration**
- 2762: Rader, **Kaiser Friedrich II.**
- 2763: Schlögl, **Nofretete**
- 2764: Schmidt, **Der deutsche Sozialstaat**
- 2765: Stuchtey, **Geschichte Irlands**
- 2766: Voss, **Richard Wagner**